Carola Hoffmeister

Lesereise Malta

Carola Hoffmeister

Lesereise Malta

Drei Schwestern im Mittelmeer

Picus Verlag Wien

MIX
Papier aus verantwortungsvollen Quellen
FSC® C004378
FSC
www.fsc.org

Grafische Gestaltung: Dorothea Löcker, Wien
Umschlagabbildung: © Zheka-Boss / iStockphoto
Druck und Verarbeitung:
EuroPB, s.r.o., Tschechische Republik
ISBN 978-3-7117-1088-8

Informationen über das aktuelle Programm
des Picus Verlags und Veranstaltungen unter
www.picus.at

Inhalt

Königin des Mittelmeers

Wer mit dem Schiff nach Malta reist, erkennt am Horizont eine sandsteinfarbene Woge, die aussieht, als wäre sie mitten in der Bewegung erstarrt. Barocke Glockentürme tauchen in der Erhebung auf, Giebel und Arkaden. Und in der architektonischen Gischt gleicht die Kuppel der Karmelitenkirche einer Krone, die im Schein der Morgensonne majestätisch glänzt. Das ist Valletta, Hauptstadt Maltas, Königin des Mittelmeers. Gegründet 1566, thront sie seit mehr als vier Jahrhunderten über dem Reich zwischen Italien und Afrika, Sizilien und Libyen. Die barocke Schönheit haben Bauherren der Ordensgemeinschaft Johanniter als Stadt für »Edelleute von Edelleuten« errichtet. Und so vereint Valletta auf nur einem Quadratkilometer Fläche so viele Sehenswürdigkeiten wie kaum eine andere Metropole der Welt. Sie ist Europas kleinste und südlichste Stadt und mutet mit unzähligen Palästen, Kirchen und Plätzen wie ein Freilufttheater an. Bereits 1980 erklärte sie die UNESCO deshalb zum Weltkulturerbe, und 2018 feiert ganz Europa Valletta als Kulturhauptstadt.

Die Königin hat für ihren Auftritt ein smaragdgrünes Mittelmeer als roten Teppich ausgerollt und ein ultramarinblaues Tuch am Himmel als Baldachin gespannt. Vorwürfe winkt die Regentin während ihrer Audienzen gelassen ab: Malta steht seit dem unaufgeklärten Mord an der regierungskritischen Journalistin Daphne Caruana Galizia wegen Korruption international am Pranger. Und außerdem auf der schwarzen Listen der Steueroasen. »Das vergeht, das vergeht«, meint man Valletta leise lächelnd flüstern zu hören. Gleich auf zwei Sprachen: auf Malti, der offiziellen Amtssprache, die einzige semitische Sprache in der Europäischen Union und die einzige semitische Sprache der Welt, die lateinische Buchstaben verwendet. Oder auf Englisch, ebenfalls Amtssprache der ehemaligen Kolonie Großbritanniens. Königin Valletta könnte sich genauso gut auf Französisch, Arabisch oder Italienisch verständigen, denn die Regentin ist internationale Gäste gewöhnt. Ihren Aufenthaltsort Malta haben in der sechstausend Jahre alten Geschichte zahlreiche Völker besucht: Die Phönizier kamen ungefähr 1000 vor Christus und gaben der Insel den Namen »Malet«, was Zufluchtsort bedeutet. Während des zweiten punischen Krieges fiel Malta 218 vor Christus an die Römer, die hier Wein anbauten und Rosen pflanzten. Aus der Zeit der Araber ab 870 stammen Zitrusfrüchte, Baumwolle und die bunt verzierten Holzbalkone, die heute *gallariji* genannt werden. Die Normannen hinterließen 1090 die weiß-rote Nationalflagge, die Johanniter gewaltige Festungen und die Briten *sausages* zum Frühstück.

Ohne die Menschen, die in Valletta leben und arbeiten, wäre die Stadt nicht mehr als ein steinernes Museum. Doch fünfundachtzigtausend erfüllen Valletta jeden Tag mit Leben, Träumen und Visionen. Margerita Pulé ist eine von ihnen. Die junge Frau mit den halblangen braunen Haaren arbeitet im Organisationsteam der Stiftung Valletta 2018 und hat zahlreiche Aktionen für das Jahr der Kulturhauptstadt geplant: ein Barock-Festival, eine Filmwoche, das Pflanzen eines Blumenteppichs vor dem Großmeisterpalast. Besuchern, die nach Malta kommen, rät sie: »Unbedingt die St. John's Co-Cathedral und Caravaggios Gemälde bewundern.«

In ihrer Mittagspause schlendert Margerita Pulé gerne die Triq Ir-Repubblika, die Republic Street entlang, die verkehrsberuhigte Prachtmeile, die vom Meer schnurgerade durch die Stadt führt. Unterwegs kommt sie am Großmeisterpalast vorbei, der Sehenswürdigkeit, die wohl die meisten Touristen besuchen. In dem zweistöckigen Gebäude aus dem 16. Jahrhundert residierten einst die Mitglieder des Johanniterordens, heute ist der Palast Sitz der Präsidentin. Wachen patrouillieren vor der von den Malteser nur »il-Palazz« genannten Architektur, ein Brunnen plätschert, und auf Parkbänken halten Touristen ihr Gesicht in die Sonne. Margerita Pulé geht langsam, sie lässt sich Zeit und den Blick schweifen. Denn Valletta ist zu prächtig, um zu hasten. Rechts und links der Republic Street streben Gassen zur Meeresbucht, und an hellen Kalksteinfassaden hängen bunt lackierte Holzerker. Sie erinnern an Schwalbennester und Vögel, denen es so gut in der Hauptstadt gefällt, dass sie für immer bleiben möchten.

Wenige Meter hinter dem Großmeisterpalast erhebt sich die St. John's Co-Cathedral. Zwischen ihren beiden Glockentürmen erstreckt sich eine schmucklose Kalksteinfassade, im Inneren explodieren dafür in Blattgold eingefasste Farben an den Wänden. Und auf dem Boden finden in acht Querschiffen unzählige Ordensritter ihre letzte Ruhe. Fast zu jeder Tageszeit stehen die Menschen Schlange vor dem Portal. Margerita Pulé ist froh, nicht zu den Wartenden zu gehören. Sie spaziert weiter und passiert eine feuerwehrrote Telefonzelle mit Sprossenfenstern – ein Überbleibsel aus der Zeit der britischen Besatzer, die bis zu Maltas Unabhängigkeit im Jahr 1964 mehr als hundertfünfzig Jahre lang auf der Insel regiert hatten.

Würde die junge Frau immer weiter geradeaus gehen, gelangte sie auf eine einen Graben überspannende Fußgängerbrücke. Danach stünde sie außerhalb Vallettas direkt an der Grenze zur Gemeinde Floriana an einem Brunnen, der dem Meeresgott Triton gewidmet ist. Margerita Pulé setzt sich jedoch innerhalb der Festungsmauern auf die Treppenstufen, die neben dem Parlament wie eine gewaltige Rampe in die Höhe zum Eingang führen. Das Parlament stammt, genauso wie das

Stadttor, von dem italienischen Stararchitekten Renzo Piano und wurde 2015 fertiggestellt. Beide Bauwerke bestehen aus riesigen Kalksteinblöcken, und obwohl die Steine viele Tonnen schwer sind, erinnern sie im Fall des Regierungsgebäudes an ein Ufo, das über dem Platz schwebt. »Ich liebe diesen Ort«, sagt Margerita Pulé. »Er ist modern und erzählt gleichzeitig von der Geschichte Vallettas. Ich beobachte das Kommen und Gehen der Menschen und fühle mich hier am Puls der Zeit.«

Abends, wenn sich Dunkelheit über die Insel senkt und die Rollos an den Geschäften herunterrattern, verlassen die meisten Angestellten Valletta. Aus dem überbordenden Hofstaat einer Königin wird ein Städtchen mit nur etwa sechstausend Einwohnern. Doch den Tag über genießen Berufstätige, Einheimische und Touristen die Atmosphäre mit allen Sinnen. Sie schmecken die salzige Luft an der Waterfront, hören das Feuern der Saluting Battery, der wahrscheinlich ältesten noch genutzten Salutkanonen der Welt, oder folgen dem Duft einer deftigen Fischsuppe in ein Altstadtrestaurant.

Vanessa Mifsud zieht sich in ihrer Pause gerne zurück. Die Frau mit dem olivfarbenen Teint und den schwarzen Korkenzieherlocken arbeitet als Reiseleiterin in Valletta und begleitet Touristen zu den Hauptsehenswürdigkeiten. Wenn sie zwischen zwei Führungen Pause hat, setzt sie sich in die Upper Barrakka Gardens, eine öffentliche Parkanlage am höchsten Punkt der Stadtbefestigung auf der St. Peter and St. Paul Bastion. »In meinem Beruf spreche ich viel«, sagt sie und nimmt auf einer Bank Platz. »Fast den ganzen Tag lang erzähle ich Touristen auf Deutsch, Englisch oder Schwedisch von der Geschichte meiner Heimat. Zwischendurch bin ich gerne einen Moment für mich.« Der Park erinnert an ein abgeschiedenes Gemach. Steinerne Rundbögen umschließen ihn. Der Wind raschelt leise in Palmen, und in einem runden Bassin mit Springbrunnen glitzert Wasser. »Die italienischen Kreuzritter nutzten die Anlage um 1661 als Übungsplatz. Damit war der Garten eine Art Fitnesscenter des 17. Jahrhunderts«, verrät Vanessa Mifsud schließlich trotz ihrer Mittagspause. »Damals existierten natürlich noch keine Bäume und kein Brunnen. Die Ritter brauchten Platz.«

Unterhalb des Gartens befindet sich der Hafen, zu dem ein gläserner Fahrstuhl führt. Vanessa Mifsud blickt von ihrem Aussichtspunkt aus auf die Kreuzfahrtschiffe, die in der Tiefe anlegen, und die Kräne der Werften, die langbeinigen Urzeitkrebsen gleichen. Außerdem sieht sie bunt bemalte Fischerboote als winzige Punkte auf dem Wasser schaukeln. Am Bug sind diese *luzzus* mit Augen verziert, die als Horusauge oder Auge des Totengotts Osiris die Fischer vor Gefahren schützen sollen. Wenn Vanessa Mifsud ihre Augen gegen die blendende Sonne zusammenkneift, sieht sie am Horizont eine Landzunge ins Meer ragen. Auf ihr türmt sich Fort St. Angelo auf, jene Bastion, von der aus die Johanniter im 16. Jahrhundert erfolgreich ihre Insel gegen die Osmanen verteidigt haben. In zwei Windungen schrauben sich die dicken Mauern wie ein Schneckenhaus in die Höhe. Hinter dem Fort schachteln sich Kuppeln, Türme und Dächer ineinander. Die Gebäude gehören zu den Städten Vittoriosa, Cospicua und Senglea, die auch »Die Drei Städte« genannt werden. Sie gehen wie viele maltesische Orte nahtlos ineinander über. »Das ist typisch«, sagt Vanessa Mifsud. »Wenn die Fußballmannschaft von Floriana gegen die von Valletta spielt, sitzen die Fans von Floriana auf der einen, die von Valletta auf der anderen Seite. Touristen ist oft gar nicht bewusst, dass Floriana als eigenständige Gemeinde gilt. Doch die Malteser wissen genau, wo sie hingehören. Sie sind sehr patriotisch.« Vanessa Mifsud wuchs in Għargħur auf, einem Dorf auf einem Hügel zwischen zwei Tälern im Nordosten der Insel. Als Kind besuchte sie regelmäßig mit der Mutter und der Schwester das zehn Kilometer entfernte Valletta. Sie kauften Spielzeug, Kleidung oder aßen ein Eis im Caffe Cordina, einer nostalgischen Eisdiele an einem Platz direkt gegenüber der Nationalbibliothek. Heute ist Vanessa Mifsud beruflich mehrfach in der Woche in Valletta. »Trotzdem bleibt die Stadt etwas Besonderes für mich.«

Marc Zimmermann legt gerne an der Casa Rocca Piccola eine Pause ein. Sofern er sich in Valletta aufhält, denn der Bauingenieur aus Erfurt wohnt zusammen mit seiner Frau in Vittoriosa, einem Städtchen auf der Halbinsel gegenüber von Valletta. Zimmermann, sportlich in Cargohose und T-Shirt gekleidet, kümmert sich im Auftrag verschiedener Nichtregierungsorganisationen um den Erhalt und die Sanierung historischer Gebäude. In seiner Freizeit besucht und erforscht er jedoch Orte, die sich unter der Erde verbergen – so wie die beiden Luftschutzbunker aus dem Zweiten Weltkrieg unter der Casa Rocca Piccola.

Die Casa Rocca Piccola ist ein schmaler Stadtpalast an der Republic Street 74, der mit seiner glatten Kalksteinfassade und den tannengrünen Fensterläden auf den ersten Blick unscheinbar wirkt. Doch im Inneren des 1580 errichteten Hauses erzählen fünfzig Räume davon, wie die Mitglieder eines alten maltesischen Adelsgeschlechts zur Zeit der Johanniter gelebt haben. Da sind Schlafzimmer mit geschnitzten Himmelbetten, ein Esszimmer mit Marmorboden und Zugang zum Garten und eine kleine Kapelle für sonntägliche Gebete. Ein Schachspiel aus Elfenbein vertrieb Langeweile an langen Winterabenden, und die Kostümsammlung aus dem 18. und dem 19. Jahrhundert verdeutlicht, wie bequem die heutige Mode ist. Es waren die gegenwärtigen Besitzer und Bewohner, der Marquis Nicholas de Piro und seine Frau Frances, die die Casa Rocca Piccola in ein Museum verwandelten. Nicholas de Piro ist Mitte siebzig und könnte in seinen Jeans eher der Hausmeister des Gebäudes sein. Auf seinen Führungen plaudert er aus dem Familien-Nähkästchen – und berichtet etwa von seinem Vater, der bei der Krönung Elizabeths II. 1953 die Strapse seiner Mutter getragen haben soll, weil seine eigenen Strümpfe unter der Kniebundhose rutschten. »Wer unseren Palast besucht, bekommt eine gute Vorstellung davon, wie eine aristokratische Familie auf Malta gelebt hat und lebt«, sagt er.

Während die Touristen vor allem das Tafelsilber bestaunen oder die Porträts der Ahnengalerie, zieht es Marc Zimmermann dreißig Meter unter die Erde. Dort, in der kühlen Luft und umgeben von Kalkstein, fühlt er sich wohl. Marc Zimmermann hat sich auf Maltas Untergrund spezialisiert, weil das Reich unter der Erde viel zu bieten hat: »Die Insel ist durchlöchert wie ein Schweizer Käse. Es gibt Höhlen aus der Steinzeit. Unterirdische Tempel von den Phöniziern und Befestigungsanlagen und Verteidigungstunnel von den Johannitern.« Um die verborgenen Stätten aufzustöbern, liest Marc Zimmermann Bücher zur Landesgeschichte und spricht mit Menschen, die sich an nicht kartografierte Orte erinnern. Die Ergebnisse seiner Recherchen veröffentlicht er auf seiner Facebook-Seite »Malta Underground«, die inzwischen siebentausendfünfhundert Fans abonniert haben. »Das ist meine Art, mich mit meiner neuen Heimat zu beschäftigen«, sagt Zimmermann. »Die Bunker unter der Casa Rocca Piccola waren ursprünglich unterirdische Wasserbehälter«, verrät er. »Denn als die Johanniter Valletta um 1566 bauten, erhielt jedes Haus eine eigene Zisterne. Abwasserkanäle führten zum Meer. Als Malta im Zweiten Weltkrieg dann heftige Luftangriffe der Deutschen verkraften musste, wurde die Zisterne umfunktioniert.« In Vittoriosa stieß der moderne Schatzsucher in der Tiefgarage eines modernen Apartmenthauses außerdem auf den Stollen eines einstigen Gefängnisses, in dem Ritter ihre Sklaven eingekerkert hatten. Und auch die sieben unterirdischen Mühlen Maltas und Gozos, mit denen sich die Bevölkerung im Falle eines Nuklearangriffs im Kalten Krieg weiterhin selbst versorgen wollen, besichtigt Zimmermann immer wieder gerne.

Nur wenige Meter von der Casa Rocca Piccola befindet sich in der Old Theatre Street hinter einer verwitterten Fassade mit Holzgalerie das Teatru Manoel, das drittälteste bespielte Theater der Welt. Es wurde 1732 unter Großmeister Manoel de Vilhena im Rokokostil erbaut, und der ovale Zuschauerraum entstand 1844 in Anlehnung an das berühmte Teatro La Fenice in Venedig. Mehr als sechshundert Menschen finden in dem Schmuckkästchen Platz. Die Logenränge sind mit Blattgold verziert und streben vier Stockwerke in die Höhe zu einem Himmel voller Sterne. Der Vorhang an der Bühne schillert grün wie Seegras. Hier eine Pause einzulegen, alleine im leeren Theatersaal zu rasten, vor allem während der Mittagshitze, wünschen sich sicher viele Besucher Vallettas. Doch dieses Privileg ist nur wenigen Menschen vergönnt.

Michael Mangion ist einer von ihnen. Der Mann mit den kurz geschorenen Haaren, im Anzug und mit Lederslippern ist beim Theater für das Marketing zuständig. Er genießt einen Augenblick lang die Ruhe und Kühle des Theaterraums. Gedankenverloren betrachtet er den Barocksessel auf der Bühne, der zum Szenenbild der am Vorabend aufgeführten Gluck'schen Oper »Orpheus und Eurydike« gehört. Der mit Wasser gefüllte und mit Holzbohlen abgedeckte Brunnen unter der Bühne ist nicht zu sehen. Ihm soll das Teatru Manoel jedoch seine hervorragende Akustik verdanken. Davon erzählt Michael Mangion mit leuchtenderen Augen. Ihm ist bei jedem Satz anzumerken, wie wohl er sich an diesem Ort fühlt. »Ich kam in England zur Welt, wuchs aber auf Malta auf«, sagt der elegante Mann, der selbst gerne Theater spielt und in einem Chor gesungen hat. »Als Kind nahm mich meine Mutter oft mit ins Manoel, ich sah klassische Dramen, Komödien, Tanzshows, Opern und Konzerte. Meine Liebe zum Theater entstand genau hier.« Zum Studium zog Michael Mangion nach London und lebte dort fast zwanzig Jahre lang. Doch dann erhielt er die Gelegenheit, auf Malta beim Teatru Manoel anzuheuern. »Manchmal muss ich mich kneifen, dass ich wirklich hier gelandet bin«, sagt er und lacht. »Das Manoel ist wirklich einzigartig.« Einzigartig wie die königliche Stadt Valletta. Einzigartig wie die Insel.

Filmreife Insel

Das Meer schäumt wild und scheint alle Farben aus dem Strand gespült zu haben. Nur einige abgeknickte Sträucher und Felsbrocken hat es am Ufer zurückgelassen. Malcom Ellul deutet auf den Sand unter seinen Füßen. »An genau dieser Stelle sind die drei Drachen von Daenerys Targaryen geschlüpft«, schreit er gegen den Wind an. Dann verstummt er. Ihm wird klar, dass nur ich vor ihm stehe. Und ich habe keine Ahnung von Prinzessin Daenerys, ihren Drachen und der Fantasy-Serie »Game of Thrones«. »Das ist Verschwendung«, winkt Malcolm ab. »Ich warte lieber auf deinen Mann.«

Dass ich nicht erst genommen werde, kam so:

Malta ist berühmt dafür, Schauplatz zahlreicher Filme zu sein. Der »Graf von Monte Christo« mit Gérard Depardieu wurde hier gedreht, ebenso wie »Gladiator« mit Russell Crowe. Um einige Filmorte zu besichtigen, habe ich im Internet eine Tour bei Malcolm Ellul gebucht. Der Schauspieler und Stuntman hat als Statist in zahlreichen Produktionen mitgewirkt und bietet für Touristen Führungen zu berühmten Drehorten auf Malta an.

Die Sonne strahlt vom Himmel, als Malcolm uns mit einer schwarzen Limousine vom Hotel abholt. Er trägt Anzug, eine dunkle Sonnenbrille, und seine halblangen Haare locken sich bis zum Kinn. Mit seinem breiten Kreuz erinnert er mich mehr an einen Bodyguard als an einen Touristenführer. »Herzlich Willkommen zur ›Game of Thrones‹-Tour«, sagt er zur Begrüßung und reicht mir die Hand. Ich stutze. »Game of Thrones«? Die brutale Serie mit den mittelalterlichen Haudegen, die mich kein bisschen interessiert? Das ist ein Missverständnis! Aber mein Mann ist Fan. »Sehen wir auch Königsmund?«, will er wissen und lässt sich auf den ledernden Beifahrersitz des Wagens fallen. Damit ist die »Game of Thrones«-Tour beschlossene Sache. Sie dauert den ganzen Nachmittag, und wir sind die einzigen Teilnehmenden.

Nach einer Viertelstunde Fahrtzeit gelangen wir nach Attard im Zentrum der Insel, ungefähr zehn Kilometer von der Hauptstadt Valletta entfernt. In Attard errichteten im 16. Jahrhundert zahlreiche Adelige ihre Häuser, und so kommen wir an palastähnlichen Gebäuden mit üppigen Vorgärten und säulengesäumten Treppenaufgängen vorbei. Nachdem Malcolm seine Limousine geparkt hat, führt er uns in die San Antons Gardens, einen von einer Mauer umgebenen immergrünen Park. Malta gilt als trockener Kiesel im Mittelmeer, doch davon ist in der barocken Anlage nichts zu spüren. Gewaltige Birkenfeigen wachsen in die Wolken, Norfolktannen mit fedrigen Blättern werfen bizarre Schatten auf den

Boden. Katzen sonnen sich in bunten Blumenrabatten, und an einem Springbrunnen spielen Kinder. Wir lassen ein Tiergehege hinter uns, in dem Schafe, Affen und ein Dromedar leben, und sehen in einem Dickicht aus Wunderblumengewächsen einen Pfau, der blau schillernd sein Rad schlägt. In einer Orangerie wachsen Früchte, damals soll sie der Großmeister des Ritterordens seinen Gästen zu Weihnachten geschenkt haben. Dann erreichen wir einen Palast aus hellem Sandstein, den Arkaden säumen. Das Gebäude aus der Zeit des Johanniterordens war zunächst die Sommerfrische eines Großmeisters, dann Wohnsitz der britischen Gouverneure, heute residiert hier im Winter der jeweils amtierende Präsident Maltas. »Die Präsidentin Maltas vielmehr! Marie Louise Coleiro Preca ist die erste und jüngste Präsidentin unserer Insel«, erklärt Malcolm. »Aber noch wichtiger: Vor diesem Palast wurde die erste Folge von ›Game of Thrones‹ gedreht.«

»Game of Thrones« ist wohl die meistgesehene Fantasy-Serie der Welt. Sie beruht auf der Romanreihe »Das Lied von Eis und Feuer« des Autors George R.R. Martin und spielt auf den fiktiven Kontinenten Westeros und Essos. Die sieben Königreiche von Westeros ähneln dem europäischen Mittelalter und sind durch eine riesige Mauer von einem Gebiet ewigen Eises im Norden abgeschirmt. Zwischen den mächtigen Adelshäusern des Reiches bauen sich Spannungen auf, die schließlich zum Thronkampf führen. Von den insgesamt acht Staffeln wurde vor allem die erste auf Malta gedreht.

»Der Präsidentenpalast diente als Roter Bergfried, das ist die Burg von Königsmund und der Sitz des Königs der Sieben Königslande«, führt Malcolm aus. »An den Stufen des Palasts wurde beispielsweise die Szene gedreht, in der Prinzessin Daenerys zum ersten Mal auf Khal Drogo trifft.« Ich habe keine Ahnung, wovon die Rede ist, aber es ist trotzdem schön in diesem Park. So besichtigen wir den President's Kitchen Garden mit Beeten für Salat und Küchenkräuter, und Malcolm erzählt, dass früher zum Hauspersonal nicht nur Köche und Küchenjungen gehörten, sondern auch Fackelträger, Perückenmacher, Uhrenaufzieher sowie Bäcker, die vor allem Schwarzbrot für die Jagdhunde herstellen sollten. Malcolm weiß viele Dinge, die auch mich als Nicht-»Game of Thrones«-Fan interessieren. Zum Beispiel, dass in diesem Garten Szenen aus dem Film »Eichmann« mit Franka Potente gedreht wurden. Oder dass die Filmindustrie nach dem Tourismus der wichtigste Wirtschaftszweig der Insel ist. »Malta ist so etwas wie ein Hollywood des Mittelmeers. Tom Cruise, Madonna, Russell Crowe, Joaquin Phoenix, Brad Pitt, Angelina Jolie – sie alle haben hier bereits gedreht«, sagt Malcolm und zählt Filme auf: »Gladiator«, »The Da Vinci Code«, »Asterix«, »Wickie und die starken Männer«, »Troja«, »Casino Royale«, »Die

Mumie«, »Assassin's Creed«. »Die Liste ließe sich endlos fortsetzen. Einmal habe ich auf Wunsch einer Gruppe eine dreitägige Filmtour auf Malta und Gozo durchgeführt. Es ist mir trotz vierundzwanzig Stunden Führung nicht gelungen, alle Schauplätze zu zeigen. Es sind einfach zu viele.« Malta hat in der Tat eine Menge zu bieten: Es gibt steinzeitliche Tempel, römische Gräben, Wehranlagen, Paläste und vor allem Natur. Sonnige Badestrände und liebliche Zitronenhaine sind auf der Insel ebenso zu finden wie schroffe Steilküsten und bizarre Mondlandschaften. In unterschiedlichen Filmen war die Mittelmeerinsel bereits in der Rolle Griechenlands zu sehen, als Israel, Peru, Irak, Südfrankreich oder Italien. »Außerdem ist das Wetter gut. Ein Dreh auf Malta gleicht einem Kurzurlaub, das sagen mir Schauspieler immer wieder – und es stimmt.« Ein weiterer Vorteil der kleinen Insel sind die geringen Distanzen. Malta ist als Zwergstaat nur ungefähr so groß wie München, und die kurzen Wege ermöglichen es den Filmteams, leicht und ohne viel Aufwand die Location zu wechseln. Genau wie uns.

Vor unserer Windschutzscheibe erhebt sich auf einem Felsplateau eine ockerfarbene Stadt mit einer steinernen Kuppel und zwei Glockentürmen. Das ist, von dicken Festungsmauern umgeben, Mdina. Der Ort ist von weit her in der kargen Landschaft sichtbar, und ich stelle mir vor, wie einst Ritter auf Pferden in ihre Richtung galoppierten, die rote Flagge des Johanniterordens in einer Hand. Bis ungefähr 1570 war Mdina die Hauptstadt der Insel, dann verlegten die Ritter sie nach Valletta und damit ans Meer. In Mdina leben heute ungefähr vierhundert Menschen, und nur sie dürfen mit dem Auto vorfahren. Abgesehen davon ist die Stadt verkehrsberuhigt. »Deshalb wird Mdina auch die ›stille Stadt‹ genannt. Unser Ziel ist das Haupttor«, sagt Malcolm und parkt in der Nähe eines Kreisverkehrs. Über den Bastionsgraben führt eine Brücke zu einem barocken Tor, das sich wie ein Mund in der dicken Festungsmauer öffnet. Ein Großmeister des Malteserordens ließ den Eingang 1724 errichten. Malcolm klappt einen Aktenordner auf, den er sich unter den Arm geklemmt hat. Er bewahrt darin Arbeitsmaterialien für seine Führung auf, die Fotos hat er fein säuberlich in Klarsichtfolien abgeheftet. Er blättert zu einem Bild mit einer Szene aus »Game of Thrones«. Zu sehen ist genau der Ort, an dem wir stehen. Das Bild zeigt zwei Reiter, und auf der Brücke kauert ein Mann in einem sackartigen Gewand auf dem Boden. »Bist du das?«, frage ich, schließlich hat Malcolm als Statist in einigen Folgen mitgewirkt. »Nein«, schüttelt er den Kopf. »Aber ihr könnt das Bild mit der Wirklichkeit vergleichen. Seht ihr? Das Tor erscheint im Film unverändert als Eingang zu Königsmund. Für die Serie wurden nur zusätzlich einige Bäume in den Garten gepflanzt. Und der Boden der Brücke wurde mit rotem Sand bestreut.«

Direkt neben Mdina befindet sich Rabat. Die beiden Zwillingsstädte trennt ein großer Platz, auf dem Busse parken und Pferdekutschen auf Gäste warten. Nach Mdina kommen Touristen hauptsächlich wegen der prächtigen St. Paul's Cathedral. Rabat hingegen ist vor allem für seine Katakomben bekannt, für die Kollegiatskirche St. Paul und die unter ihr liegende Paulusgrotte. Wir sind unterwegs zu einem Kloster des Dominikanerordens. Auf dem Weg dorthin lächeln Malcolm zwei Frauen an. Keine Frage: Malcolm ist mit seinen grauen Augen, dem Dreitagebart und dem muskulösen Oberkörper ziemlich attraktiv. Aber nicht nur das: »Ich bin schon ein bisschen berühmt«, sagt er, als ich ihn auf die Blicke der Frauen anspreche. Malcolm erzählt von sich: Er hat als Statist in zahlreichen internationalen Filmen wie »Troja« mitgewirkt. Auf der Insel ist er aber vor allem als Alfred aus der TV-Serie »Katrina« bekannt. »Katrina« läuft jeden Donnerstagabend im maltesischen Fernsehen, und Alfred ist darin ein ehemaliger Häftling, der acht Jahre im Gefängnis saß. »Seine Frau hat ihn verlassen, seine Kinder wollen nichts mehr von ihm wissen, und nun will sich Alfred an demjenigen rächen, der ihn in den Knast gebracht hat«, fasst Malcolm seine Serienrolle zusammen. Ist er zufrieden mit dieser Aufgabe? »Es macht Spaß«, nickt der Touristenführer, »besonders häufig werde ich nach Autogrammen gefragt, wenn ich mit meiner Frau oder einem meiner drei Kinder unterwegs bin. Meine Frau Elizabeth spielt ebenfalls in einer Fernsehserie, und mein Sohn Nathan ist als Teenager ständig in Werbespots zu sehen. Er hat eine magische Ausstrahlung, egal, von welcher Seite man ihn fotografiert.« Trotz der lokalen Prominenz kann Familie Ellul nicht von der Schauspielerei leben. Malcom deutet auf seinen Businessanzug. »Das ist meine Arbeitskleidung, denn inzwischen bin ich bei einer Versicherungsfirma angestellt«, sagt er. »Die Firma berät ausländische Produktionsfirmen bei ihrem Dreh auf Malta. Insofern habe ich auch in diesem Job etwas mit dem Showbusiness zu tun. Ich weiß oft als Erster, welcher Film als nächster auf Malta abgedreht wird. Das ist dann wiederum spannend für die Touristen, die ich zu den Drehorten führe. Wobei Diskretion in meinem Job alles ist. Natürlich habe ich die Telefonnummer von Angelina Jolie in meinem Handy eingespeichert. Natürlich könnte ich Geschichten erzählen, ich war schließlich Aufnahmeleiter für ihren Film ›By the Sea‹. Aber«, Malcolm macht eine Geste, als verschlösse er den Mund mit einem Reißverschluss, »was immer ich gesehen oder nicht gesehen habe, geht niemanden etwas an.«

Wir haben das Kloster erreicht und betreten einen Innenhof, der mich mit seinem Kreuzgang in eine Vergangenheit versetzt, in der Mönche mit großen Kapuzen und gesenktem Haupt in stille Gebete versunken waren. Malcolm stellt sich in die Mitte des Innenhofs und erzählt mit leiser Stimme, dass hier eine Schlüsselszene der ersten »Game of Thrones«-Staffel gedreht wurde. »Genau an dieser Stelle« – Kunstpause – »offenbarte der Regent über die Provinz nördlich der Burg Winterfell« – Kunstpause – »der Königsmutter Cersei, dass er über ihren Inzest Bescheid wusste« – sehr lange Kunstpause. Was hätten die Dominikanerbrüder dazu gesagt? Doch ich bin froh, das Malcolm uns an diesen Ort geführt hat. Malta ist zwar voller Kirchen und Klöster, mehr als dreihundertfünfundsechzig soll es geben, für jeden Tag im Kalenderjahr ein Gotteshaus, doch diesen Dominikanerkonvent hätte ich ohne Malcolm bestimmt nicht entdeckt. Kaum ein Reiseführer erwähnt ihn.

Pünktlich zum Sonnenuntergang erreichen wir die Għajn Tuffieħa Bay an Maltas Nordwestküste. Mit dem Rücken stehen wir zu der Hotelanlage Radisson Blu, die aus drei mehrstöckigen Komplexen besteht und sich über die Felsenküste erhebt. Vor mir schwappt das Wasser bis zum Horizont, und der Himmel legt sich wie ein weiches rosafarbenes Tuch über die Landschaft. Der Anblick ist so schön, dass ich rasch vergesse, dass ich hundertachtzig Treppenstufen hinabsteigen musste, um zur Bucht zu gelangen. Genau wie das Filmteam, das an diesem Strand den Film »Troja« des deutschen Regisseurs Wolfgang Petersen mit Brad Pitt gedreht hat. Auch Malcolm war dabei. »Es war am 11. Juli 2011, und ich bin diese Treppen fünfunddreißigmal rauf- und runtergelaufen. Jedes Mal beladen mit ungefähr sechzig Kilogramm schwerem Film-Equipment«, sagt Malcolm und verzieht das Gesicht. »Damals war ich ständig im Fitnessstudio und wurde am Set von allen nur der Muscle Man genannt.« Und dann verrät er noch etwas: »Die Bucht heißt Għajn Tuffieħa Bay, und *tuffieħa* bedeutet Tomatenquelle. Vermutlich weil der Sand am Strand eine ganz leicht rötliche Färbung hat. Wenn ihr Zeit habt, kommt zum Baden wieder. Denn hier ist es nicht so voll wie in der benachbarten Golden Bay.«

Die Filmtour neigt sich in Vittoriosa im Südosten der Insel dem Ende zu, einem ehemaligen Fischerdorf, das auf einer Landzunge ins Meer ragt und mit Cospicua und Senglea die sogenannten »Drei Städte« Maltas bildet. Im Norden umgibt der Kalkara Creek Vittoriosa, im Südosten ist es der Dockyard Creek. Direkt gegenüber erheben sich die Mauern Vallettas wie die Klippen einer uneinnehmbaren Insel. Wir spazieren die Promenade entlang, an der sich Barockpalast an Barockpalast reiht. Leise schwappt das Meer in der Bucht an die Rümpfe millionenschwerer Jachten, und die Lichter der Restaurants spiegeln sich auf dem Wasser. Dieser Ort könnte selbst eine Filmkulisse sein, doch die Hafenstraße und die italienisch anmutenden Gassen gab es bereits im 16. Jahrhundert. »Damals existierte die Hauptstadt Valletta noch nicht, sie wurde erst ab 1566 gebaut. Bis dahin lebten die Ritter in Vittoriosa –

in Birgu vielmehr, wie die Stadt auch heißt. Und wenn euch das alles hier irgendwie bekannt vorkommt«, fährt Malcolm fort und deutet mit einer ausholenden Geste die Promenade entlang und in das von ihr abzweigende Gassengewirr, »dann liegt das vermutlich daran, dass hier ›The Da Vinci Code‹ mit Tom Hanks gedreht wurde.«

Doch mein Blick ist bereits geradeaus gewandert. Vor uns an der Spitze der Landzunge erhebt sich die mächtige Festung St. Angelo. Gelbes Scheinwerferlicht lässt die ockerfarbenen Steine der Mauern vor dem nachtblauen Himmel erstrahlen, dahinter glitzert das Meer wie schwarzer Lack. Wann genau das Fort St. Angelo erbaut wurde, ist unklar. Als sicher gilt jedoch, dass sich die Ritter von Malta, als sie 1565 von den Osmanen belagert wurden, erfolgreich von Fort St. Angelo aus verteidigten. Deshalb gaben sie Birgu auch den Beinamen Vittoriosa – die Siegreiche. Wegen seiner zentralen Lage im Gran Harbour galt das Fort lange Zeit als eine Art unversenkbares Schlachtschiff. »Außerdem ist die Festung in einer »Game of Thrones«-Szene zu sehen, in der Arya eine Katze auf der Königsburg Roter Bergfried jagt«, hebt Malcolm an. Doch für mich reicht es für den Augenblick mit Burgen und Serienhelden, deren Namen ich kaum aussprechen kann. Ich genieße den Blick auf die Festung, den Hafen und den Mond am Himmel. Und freue mich auf einen Film, der irgendetwas mit Schlaf zu tun hat.

Die Matteis aus Malta

Die Matteis aus Malta sind eine Dynastie von Köchen, Gastronomen, Feinschmeckern und Genießern. Da ist Pippa Mattei, die Chefin der Familie. Sie erinnert mit Hornbrille, Pferdeschwanz, dem knielangen Rock und der mit Amphoren bedruckten Bluse an eine jugendliche Miss Marple. Sie hat zwar keinen Stern erkocht, doch dafür weilt sie im Olymp der Starköche, seitdem ihr Buch »Pippa's Festa« mit Rezepten für Weihnachten oder Ostern 2011 mit einem Gourmand World Cookbook Award in Paris ausgezeichnet wurde – als bislang einziges Werk aus Malta. Ihre Tante war Köchin, und ihre Mutter veranstaltete regelmäßig glamouröse Dinnerpartys, die tagelang Dorfgespräch waren. Pippas Gatte John Mattei ist ein zierlicher Mann mit schlohweißen Haaren, den man spontan mit »Sir« ansprechen möchte. Als Spross eines Restaurantbesitzers wurde er unweigerlich zum Gralshüter unzähliger Familienrezepte. Diese hat ihm Pippa nach und nach abgeluchst. Denn als die beiden Anfang der siebziger Jahre heirateten, brachte Pippa, wie sie selbst sagt, kaum mehr als ein Rührei zustande. Der gemeinsame Sohn Alex Mattei, Anfang vierzig, ist ein sonnengebräunter Mann mit dunkelblonden Haaren, der aussieht, als wäre er gerade als Sieger aus einem Tennismatch hervorgegangen. Er betreibt ein Catering-Unternehmen auf Malta, eine Bäckerei, ein Café sowie ein edles, einem Jachtclub angeschlossenes Fischlokal. Und auch vor seiner Schwester Emma, einer Schriftstellerin, die nach London ausgewandert ist, ist kein Kochtopf sicher. Die milchkaffeefarbene Labradorhündin Ramla hingegen verspeist die beim Kochen anfallenden Reste – zum Beispiel, wenn die Matteis *fenek* in allen Variationen zubereiten, Kaninchen geschmort, im Eintopf, in der Pastete oder der Spaghettisauce. *Fenek* in Knoblauch- und Rotweinsauce gilt als das maltesische Nationalgericht. Überwiegend aber stehen Gemüsegerichte auf der Speisekarte der Familie: gefüllte Auberginen, Ravioli an fruchtigen Tomaten oder Minestrone, in der es blumenkohlweiß, erbsengrün und kürbisgelb leuchtet. Denn es ist vor allem Gemüse, das die maltesische Küche auszeichnet. In den Gärten Maltas gedeihen Zucchini, Zwiebeln, Artischocken, Tomaten, Kartoffeln, und von Mai bis Juni überwuchern wilde Kapernbüsche ganze Landstriche. Die geschlossenen grünen Knospen zu pflücken, bevor sie sich zu lilafarbenen Blüten entwickeln, ist mühsam, doch maltesische Kapern sind eine Köstlichkeit. Mild und saftig im Geschmack passen sie in Essig eingelegt zu Sauerteigbrot oder würzen Gerichte wie den Gemüseeintopf *kapunata*. Fleisch ist hingegen rar auf der Felseninsel. Einige Bauern halten Ziegen und Schafe, die sich mit dem dürftigen Steppengras zufriedengeben, und nur wenige Landwirte züchten Rinder und Schweine. Dafür tummeln sich im Meer Goldmakrelen, Brassen und Meeräschen, Schwert- und Thunfische.

Die *cuisine maltaise* galt lange Zeit als Küche des Plagiats. Kein Wunder: In der sechstausendjährigen Geschichte Maltas regierten Phönizier, Griechen, Römer, Vandalen, Araber, Spanier, Franzosen und Engländer über das kleine Archipel im Mittelmeer – und alle Einwanderer brachten Rezepte aus ihren Heimatländern mit. Die Malteser kopieren die Italiener, indem sie aus Lasagne einen Makkaroniauflauf namens *timpana* im Blätterteigmantel machen. In die gezackten Ravioli-Teigtaschen füllen sie anstelle des italienischen Ricotta ihren *ġbejna* genannten Gozokäse. Von den französischen Kreuzrittern übernahmen sie die Bouillabaisse. Die Malteser nennen ihre Fischsuppe *aljotta* und reichern sie mit viel Knoblauch, gehacktem Majoran und Reis an. Von den Arabern stammen Süßspeisen wie *helwa tattork*, eine dicke, mit Nougat versetzte Masse aus Mandeln. Und die kulinarisch wenig ausdrucksstarken Briten hinterließen das deftige Frühstück mit Speck und Bohnen, das zahlreiche Hotels auf Malta morgens ihren Gästen anbieten. Inzwischen jedoch werden maltesische Köchinnen und Köche selbstbewusster. Sie bekennen sich zu den eigenen, mitunter von den Besatzern geprägten Traditionen und bewahren die Rezepte, die in den Familien von Generation zu Generation weitervererbt wurden. Gleichzeitig modernisieren sie die Gerichte. Pippa Mattei ist eine dieser Köchinnen. Durch ihre Bücher und Auftritte im Fernsehen hat sie dafür gesorgt, dass die Küche ihrer Heimat auch international wahrgenommen wird. Sie besinnt sich dabei auf Grundzutaten und achtet darauf, dass sie frisch vom Feld und frisch aus dem Meer stammen – so wie sie es aus ihrer Kindheit kennt. »In den Sommermonaten bin ich oft zusammen mit meinem Vater im Meer nach Seeigeln getaucht«, erinnert sich die Tochter eines Vaters, der bei der britischen Armee arbeitete. »Wir haben die Tiere vom Felsen abgeschnitten, und zurück an Land hat sie mein Großvater sofort zubereitet, sodass wir sie ganz frisch genießen konnten – nur mit Zitrone und maltesischem Brot. Das war köstlich! Ein gutes Gericht braucht also nicht mehr als wenige, dafür aber qualitativ hochwertige Zutaten.«

Frische Zutaten kauft Pippa Mattei jeden Samstag und Dienstag auf einem Bauernmarkt ein. Der Farmers Market ist eine Mischung aus Basar und Großmarkt. Pop dudelt an den Ständen aus Transistorradios, und die Eiertomaten, Paprika, Schlangengurken und Kartoffeln werden in türkisfarbenen Plastikkisten angeboten. Pippa Mattei nimmt eine Tomate in die Hand und betrachtet sie von allen Seiten. Sie bestellt davon ein Kilo, außerdem wandern Orangen und Äpfel in ihre mitgebrachten Tüten. Genauso *bambinella*, quietschgrüne Minibirnen, die nur auf Malta wachsen und die von der Insel nach Großbritannien exportiert werden. Es ist noch nicht lange her, da hatte die Köchin selbst etwas auf dem Farmers Market verkauft. Ihr Buch »Fil-Kċina ma' Pippa« mit Farbfotos von Eintöpfen, Pastagerichten und Nachspeisen heißt übersetzt »In Pippas Küche«.

»Ich hatte das Buch zuvor bereits auf Englisch unter dem Titel ›25 Years in a Maltese Kitchen‹ veröffentlicht. Darin stelle ich traditionelle maltesische Rezepte aus meiner Familie vor. Im Weihnachtsgeschäft schoss das Buch dann unerwartet auf die Bestsellerliste, und ich dachte, dass es schön wäre, es außerdem in maltesischer Sprache zu veröffentlichen. Schließlich lebe und koche ich auf Malta und habe es in erster Linie für die Menschen auf der Insel geschrieben.«

Pippa Mattei wurde St. Julians geboren, wuchs aber in Żejtun auf, einem Städtchen im Osten Maltas, dessen Name aus dem Arabischen übersetzt Olive bedeutet. Heute lebt die Köchin fünfzehn Kilometer von Żejtun entfernt in Attard. Dort steht ihr Reihenhaus in einer baumgesäumten Straße direkt an der alten Stadtmauer. Pippa Mattei hat es mit Ölgemälden, getrockneten Lavendelsträußen und Reisesouvenirs in eine Wunderkammer verwandelt, in der sich Besucher wie in einem Film von Woody Allen in seiner europäischen Phase fühlen, in »To Rome with Love« oder »Midnight in Paris« vielleicht.

Von irgendwo weht ein frischer Wind herein, und eine Holztreppe führt ins Obergeschoss. Die Küche grenzt durch bodentiefe Sprossenfenster an den Garten. Oliven- und Zitronenbäumchen blühen dort, Oleander, Basilikum, Thymian und Rosmarin. Und vor der Fensterfront steht ein Küchentisch, eine Tafel vielmehr, mit französischen Caféhausstühlen. An ihm bewirtet Pippa Mattei regelmäßig Gäste, die an ihren Kochkursen teilnehmen. Sie ist eine von wenigen Köchinnen und Köchen, die Kurse zur maltesischen Küche auf der Insel anbieten: »Meine Schüler kommen von überallher: aus Deutschland, Österreich, Japan oder Amerika«, erzählt sie und räumt die Einkäufe in die beiden Kühlschränken aus Edelstahl. »Wir besuchen zunächst den Bauernmarkt. Dann kochen wir etwas. John sagt immer, dass ich ein Standardmenü entwickeln soll, das jedes Mal zum Einsatz kommt. Aber für mich ist wichtig, dass ich auf die Teilnehmer eingehe. Wenn jemand aus England stammt, wird er kein Kaninchen mögen. Maltesische Australier und Italiener lieben hingegen Kaninchen. Zu Ostern backe ich Biskuits. Und von März bis Oktober gibt es Fisch.« Im Frühjahr und Sommer stehen Barsche, Welse, Brassen und Meeräschen auf der Speisekarte. Im Herbst vor allem die Goldmakrele, die *lampuki* genannt wird und Maltas Nationalfisch ist. Der Fisch wird in manchen Gewässern wie dem Atlantik an der Küste der USA gefangen, ist etwa anderthalb Meter lang und ungefähr zwanzig Kilo schwer, sein Fleisch ist weiß und fest. Er wird gedämpft, gebacken, gebraten oder als Auflauf genossen, als *torta tal-lampuki* mit püriertem Blumenkohl, Zwiebeln und Tomaten und im Teigmantel. Pippa Mattei liebt es, die Goldmakrele einfach auf den Grill zu legen und sie mit einer Salsa Picante aus frischen Tomaten zu servieren, gewürzt mit Essig, Salz, Pfeffer und Kapern. »Das ist einfach und schmeckt frisch.«

Hat sie jemals daran gedacht, ein Restaurant zu eröffnen? »Nein«, Pippa Mattei lacht und schüttelt den Kopf. »Die Gastronomie überlasse ich meinem Sohn.«

Alex Mattei kommt an diesem Samstagnachmittag mit einer Freundin nach Hause. Seine Mutter bereitet alles für eine *Ħobż-biż-żejt*-Mahlzeit vor. *Ħobż biż-żejt* ist der wohl berühmteste maltesische Imbiss. Das »Sauerteigbrot mit Öl«, so die Übersetzung, wird zu allen möglichen Gelegenheiten genossen: zum Frühstück, zu Mittag, zum Abendbrot, wenn nichts anderes im Haus ist oder Besuch kommt. Außer dem knusprigen Weißbrot stellt Pippa Olivenöl auf den Tisch, Tomatenpaste, Kapern, Thunfisch. Ebenfalls nicht fehlen darf *ġbejna*, der Gozokäse. Er ist so groß wie ein Babybel, wird aus Schafs- oder Ziegenmilch hergestellt und ist nicht nur eine köstliche Vor- oder Nachspeise, sondern wird auch anstelle von Fleisch in Gemüseeintöpfen wie der *minestra* verwendet. In die *soppa tal-armla*, die traditionelle Witwensuppe aus

Bohnen, kommt neben dem *ġbejna* oftmals noch ein Ei. Pippa Mattei hat drei verschiedene Arten des Käses eingekauft: einmal frisch und weich, dann hart und getrocknet und eine Variante mit Pfefferkruste. Die Brotscheiben wie eine Minipizza zu belegen, ist eine gesellige Angelegenheit. Am Tisch tauscht sich die Familie darüber aus, welche Kombinationen am besten schmecken:. Käse mit Tomaten. Thunfisch mit Käse. Einfach nur Öl mit Pfeffer und Salz.

Alexander Mattei hat vor vielen Jahren auf der Jacht eines spanischen Millionärs gejobbt und drei Wochen lang täglich für dreißig Leute gekocht. Danach hat er in Irland Food Marketing studiert. Als er zurückkam, machte er sich mit einem kleinen Catering-Unternehmen für Sushi selbstständig. Damit war er der Erste, der die algenumwickelten Fischhappen nach Malta brachte. Hat Alex seine Mutter denn manchmal nach Rezepten gefragt? »Aber ja! Als er mit der Jacht in Griechenland oder Sizilien war, hat er mich vom Markt aus angerufen: Mama, wie viele Oktopusse brauche ich für einen Eintopf? Wie viel Nudeln muss ich für eine Vorspeise berechnen?« Alle lachen.

Pippa Mattei holt für den Nachtisch frittierte, mit einer würzigen Dattelpaste gefüllte Küchlein aus dem Tiefkühler. Das *qaret* genannte Gebäck ist eine Spezialität Maltas und hat seinen Namen von der Diamantform, in die es traditionell geschnitten wird. *Qaret* stammen ursprünglich aus der Zeit der arabischen Herrschaft – so wie zahlreiche Rezepte für Süßspeisen. Andere Desserts sind von den Sizilianern beeinflusst, so wie die *qaghaq tal-ghasel* genannten Honigringe, die zu Weihnachten gegessen werden, oder *cannoli*, mit Ricotta gefüllte ausgebackene Teigröllchen.

Für die Datteldiamanten erhitzt Pippa Fett in einer gusseisernen Pfanne und lässt die Kuchenstückchen hineingleiten. Dort brutzeln sie, bis sie goldgelb und knusprig sind. Mit raschen Handbewegungen platziert sie die *qaret* in jeweils einer Dessertschale und gibt eine Kugel Vanilleeis hinzu. Den auf dem Tisch bereitstehenden Honig träufelt sich jeder selbst über die süße Versuchung. Beim Essen fachsimpeln die Matteis über die Speise mit der süßen Füllung. Sie diskutieren, ob der Teig kross genug ist, ob die Dattelpaste ausreichend nach Orangen schmeckt und beschreiben sich gegenseitig, wie sie auf der Zunge zerfällt und im Rachen leicht würzig schmeckt. So oder so: Es ist köstlich. *Tajjeb aptit!*

Stadt der Stille

Mdina liegt in der Mitte der Insel, und auf einer Luftaufnahme sieht die Stadt wie ein Nest aus, das ein riesiger Vogel Greif inmitten der kargen Landschaft auf einem Felsplateau errichtet hat. Dicke ockerfarbene Festungsmauern umrunden das Oval, darin schachteln sich mittelalterliche und barocke Paläste ineinander. Schmale Gassen erinnern an achtlos fallen gelassene Zweige.

Mdina war in der Zeit der Ritter die Hauptstadt der Insel und heißt auch »die von Mauern umgebene Stadt« oder »Città Notabile« – vornehme Stadt. Vor allem aber wird Mdina »stille Stadt« genannt. Denn innerhalb ihrer Stadtmauern fahren keine Autos, keine Motorräder, keine Lkws. Kindergeschrei? Fehlanzeige. Es gibt keinen Kindergarten, keine Schule. Auch keine Universität, wo Studierende mit Büchern unter dem Arm über den Campus schlendern und sich über Vorlesungen unterhalten. Nur ungefähr vierhundert Menschen leben in Mdina. Wie viel Krach machen sie? Wie laut sprechen sie, wie geräuschvoll sind ihre Trockner, Haarföhne, Rasierapparate und Espressomaschinen? Wie lebt es sich in einer Stadt der Stille?

Als ich das Wort Stille google, zeigt die Suchmaschine fast fünfzig Millionen Treffer an. Der erste findet sich bei Wikipedia: »Die Stille bezeichnet in der deutschen Sprache die empfundene Lautlosigkeit, Abwesenheit jeglichen Geräusches.« Der zweite Treffer trägt die Überschrift: »Stille ist viel wichtiger für Dein Gehirn als Du denkst ...«

Das kann ich bestätigen. Ich lebe in St. Julians, auch San Ġiljan genannt. St. Julians war früher ein Dorf, in dessen halbmondförmiger Bucht bunte Fischerboote auf dem Wasser schaukelten. Heute verwandeln unzählige Hotelhochhäuser den Himmel mit ihren in der Dunkelheit hell erleuchteten Fenstern in ein Schachbrett. Der Ortsteil Paceville gilt als Partymeile St. Julians, hier flackern Neonlichter an den Eingängen der Bars, und aus den Kneipen dröhnt Techno oder lärmt die Live-Musik einer Rockband. Ich bin zufällig in St. Julians gelandet, nicht weil ich abends gerne feiern möchte, und so strengt mich die stetige Gesellschaft von Klängen, Stimmen und Tönen an. Ich suche im Internet nach Dezibeltabellen und übertrage die Werte auf das, was ich erlebe. Wenn ich an einer Bar mit lauter Musik vorbeilaufe, bin ich etwa achtzig bis hundert Dezibel ausgesetzt. Das ist viel, aber erst bei Werten über hundertsechzig Dezibel droht das Trommelfell zu reißen. Das könnte passieren, wenn ich ohne Schalldämpfer mit einem Hammer auf ein Messingrohr schlagen würde. Am Meer hingegen erlebe ich eine entspannte Stille. Die Għajn-Tuffieħa-Badebucht gilt als eine der schönsten

Maltas. Hundertachtzig Treppenstufen führen zum Wasser herab, unterhalb der Steilküste liegt ein blassrosafarbener Sandstrand, und das Meer schwappt gemächlich ans Ufer. Die weiß schäumende Brandung umspült meine Zehen und das Geräusch meine Ohren. Meeresrauschen hat fünfzig Dezibel, das ist so laut wie ein Gespräch. Auch die Art von Stille, die ich nachts in meinem Zimmer wahrnehme, gefällt mir. Dann dringt in das geöffnete Fenster das Plätschern eines Brunnens im Innenhof. Ein leises, helles und permanentes Geräusch. Der Wind raschelt in der Palme auf dem Balkon. Mal lauter, mal leiser. Einmal stürmt es heftig. Mit aller Macht rüttelt der Wind an den Fenstern, ein Pfeifen, ein Zischen, ein Heulen und Sausen ist zu hören. Schwacher Wind erreicht dreißig Dezibel auf der Messskala, es entspricht dem Ticken einer Armbanduhr. Stürmischer Wind kommt sogar auf neunzig Dezibel – so laut wie eine knallende Tür.

Jede Stille hat ihren Sound. Das veranschaulichte 1952 der Komponist John Cage in New York, als er sein Stück »4'33''« aufführte. Das Werk besteht aus viereinhalb Minuten Stille, und während der Pianist bewegungslos am Flügel saß und das Klavier schwieg, wurde der Raum zum Geräusch. Die Zuschauer erlebten den Lärm vermeintlicher Stille: Rascheln. Husten. Räuspern. Tuscheln. Inzwischen existiert jedoch ein Raum, in dem es tatsächlich fast komplett still ist. Er befindet sich in Minnesota und liegt hinter zwei dicken Panzertüren und einen Meter dicken Wänden aus Fiberglas. Der Fußboden gibt wie ein Trampolin nach, damit das Gehen keine Geräusche verursacht, und selbst wenn man spricht, dringt kein Schall zu den Ohren, da dieser nicht reflektiert werden kann. Nur der eigene Körper ist zu hören: das Rauschen des Blutes in den Adern. Das Grummeln des Magens. Das Dehnen der Lungen beim Atmen. Minus neun Dezibel haben Wissenschaftler in diesem schalltoten Raum gemessen, sie testen hier die Akustik von Tönen. Noch niemand hat es dort länger als fünfundvierzig Minuten ausgehalten, manche Menschen fangen bereits nach wenigen Minuten an zu halluzinieren.

Mdina liegt ungefähr zehn Kilometer von der Küste entfernt. Ich parke in der Nähe eines Kreisverkehrs, der die Stadt der Stille von Rabat trennt. Rabat ist Mdinas geräuschvolle Zwillingsschwester, schon der Name des Ortes klingt laut und forsch: Rabat – wie Rabatz, also Krawall. In Rabat pulsiert das Leben: elftausendfünfhundert Einwohner, Restaurants, Cafés, Autos, Hotels. Aus Souvenirshops schnarrt arabischer Pop, und in der Nähe der St. Paul's Cathedral preisen Marktschreier frische Äpfel an, Fische und selbstgemachte Blätterteigtaschen, *pastizzi*, für die Rabat berühmt ist. In den Olivenbäumen am Kreisverkehr kreischen Mauerschwalben um die Wette.

Ich betrete Mdina durch das Haupttor, einen verschnörkelten Eingang aus der Barockzeit, und befinde mich in einem schattigen Gewirr mittelalterlicher Gassen. Nach ein paar Metern höre ich nichts mehr vom Verkehr vor den Toren der Stadt. Die dicken Festungsmauern polstern Mdina. Sie sind wie Schalldämpfer aus Stein und machen alle Geräusche weich: die Stimmen einer Touristengruppe. Das Klackern einer Frau mit Stöckelschuhen. Das Lachen eines Kindes.

Wäre Mdina eine Farbe, wäre sie Honiggelb. Denn gelb wie Honig sind die Straßen, die Wohnhäuser, die Paläste. Dadurch wirkt die Stadt wie aus einem Guss – in etwa so, als hätte ein Künstler sie an einem Tag aus Lehm geformt. Tatsächlich aber ist Mdina im Laufe von vielen Jahrhunderten gewachsen. Im Mittelalter bauten die Normannen an ihr, in der Renaissance die Araber, und schließlich kamen die Johanniter und ernannten Mdina zu ihrer Hauptstadt. Ich stelle mir vor, wie Ritter in ihrer Rüstung einst durch die stillen Gassen marschierten. Klack quietsch klack quietsch klack. Die Dezibelzahl einer Ritterrüstung muss ich schätzen – dreißig Dezibel vielleicht. Wenn Stille als Abwesenheit von Geräuschen gilt, ist Mdina nicht komplett still. Nicht totenstill. Ich höre Wind. Irgendwo klappern Pferdehufe.

Vielleicht ist es diese sanfte Stille, die in mir das Gefühl entstehen lässt, die Zeit stehe still in Mdina. Wie im Palazzo Falson. Hier erzählen Küchenkacheln, orientalische Teppiche oder ein goldener Haarkamm vom Alltag vergangener

Jahrhunderte. Im Barockpalast Vilhena hingegen sind Muscheln, Vögel- und Fischskelette zu sehen. In den Ausstellungsräumen knarren Dielen unter meinen Füßen. Dieses Geräusch bremst mich aus. Ich gehe langsamer, bedächtiger.

Dann setze ich mich in das »Fontanella«, ein Café und Restaurant mit Tischen und Stühlen direkt auf der Festungsmauer. Von meinem Sonnenplatz aus schweift der Blick über die Ebene bis zum Horizont, wo das Meer wie ein Feld Diamanten glitzert. Ich begegne der Besitzerin des Cafés, Louisette Dei Conti Sant-Manduca. Sie sieht aus wie Anfang fünfzig, ist aber mindestens zwanzig Jahre älter. Ihre blonden Haare sind akkurat frisiert, sie trägt eine schwere Halskette, zarte Perlen an den Ohren und spricht in elegantestem British English. Keine Frage, Louisette Dei Conti Sant-Manduca ist eine leise Person. Sie muss auch nicht laut sein. Man hört ihr zu, selbst, wenn sie leise spricht. Und ich vermute, das war schon immer so. Sie wuchs in Mosta auf, einer Kleinstadt fünf Minuten mit dem Auto von Mdina entfernt. 1965 heiratete sie, damals war sie noch ein Teenager, einen Adeligen aus Mdina. Ihr Mann John Mary dei Conti Sant-Manduca war Ritter des Ritterordens vom Heiligen Grab zu Jerusalem, ein Tempelritter also. Louisette und John zogen in Mdina in einen Palast aus dem 13. Jahrhundert, in dem früher eine jüdische Synagoge untergebracht gewesen war. Dort müssen sie ein Leben in großem Luxus geführt haben. Für Einzelheiten ist Louisette zu diskret. Nach der Hochzeit eröffnete sie ein kleines Tea House an der Stadtmauer, das heutige »Fontanella«. Es war das erste Café Mdinas und für die junge Mutter zweier Söhne ein Hobby. Sie stellte sich in die Küche, um zu backen, noch heute ist das Café für den cremigen Schokoladenkuchen bekannt, der von Anfang an auf der Speisekarte stand. Ich habe ihn mir bestellt: Die oberste Schicht knackt, wenn ich mit der Gabel hineinsteche. Innen ist der Kuchen weich, fluffig und nicht zu süß. Während ich esse, beginnen in der Ferne die Glocken zu läuten, ein sattes, tiefes Geräusch voller Bässe. Es sind die Glocken der St. Paul's Cathedral, die seit dem 17. Jahrhundert in den beiden Kirchtürmen schlagen.

»Wie ist es, in Mdina zu leben?«, frage ich Louisette. Ist es nicht ein wenig wie in einem Freiluftmuseum? Denn auf die vierhundert Einwohner Mdinas kommen pro Tag ungefähr doppelt so viele Touristen. Louisette Dei Conti Sant-Manduca schüttelt den Kopf. »Es ist wunderbar«, sagt sie schlicht. »Und gar nicht still. Hörst du?« Die Gäste am Nebentisch bestellen Kuchen. Eine Kaffeemaschine gurgelt. Ein Vogel singt. Und irgendwo ist da noch ein anderes Geräusch zu hören. Eines, das ich nicht genau zuordnen kann. Eine Atmosphäre vielmehr: die sanfte Ruhe der Stadt der Stille.

Caravaggio auf der Flucht

Ein warmer Junimorgen im Jahr 1607: Michelangelo Merisi, genannt Caravaggio, steht am Bug einer Galeere aus der Flotte des Malteserordens und blickt auf das Meer. Der Künstler ist seit zwölf Tagen auf dem Großsegler unterwegs, und die Gischt spritzt manchmal so hoch, dass sie sein Hemd und seine Hose durchnässt. Wenn das Wasser trocknet, bleibt eine Salzkruste auf seiner Haut zurück – sogar auf seinen Wimpern hat sich das Salz festgesetzt. Beim Blinzeln sieht Caravaggio durch die Kristalle bunte Regenbogenfarben. Die Farben sind zuckrig-hell – niemals würde Caravaggio diese Töne auf die Leinwand bringen. Denn der Sechsunddreißigjährige ist im Italien des Frühbarock für seine Hell-Dunkel-Technik bekannt. Er strahlt seine Figuren an wie mit einem Scheinwerfer. Kühl schneidet der weiße Strahl durch einen fast schwarzen Raum. Bacchus, Lautenspieler oder Apostel Matthäus gestaltet er in kräftigen Farben und verleiht ihnen dadurch eine starke körperliche Präsenz. Fast so, als würden sich die Dargestellten im nächsten Moment bewegen und aus dem Bild steigen.

Caravaggio blinzelt wieder. Im Dunst erkennt er die Umrisse einer Insel. Wie eine Festung aus Kalkstein türmt sich das Eiland im Graublau des Mittelmeers auf. Das muss Malta sein! Caravaggio hört, wie die Ruderer auf dem Deck unter seinen Füßen das Tempo beschleunigen. Die Paddel klatschen ins Wasser, mit vier Knoten nähern sie sich dem militärischen Außenposten der römisch-katholischen Kirche. Bald erkennt Caravaggio die Zitadelle Fort St. Angelo und die im Hafen aufgereihten Galgen. Bei diesem Anblick wissen er und andere Ankömmling sofort, wer auf der Insel das Sagen hat: die Ritter des heiligen Johannes. Caravaggio hofft auf einen freundlichen Empfang. Denn der ehemalige Günstling der römischen Aristokratie ist auf der Flucht.

Michelangelo Merisi Caravaggio kommt im Spätsommer des Jahres 1571 zur Welt, am 29. September, dem Namenstag des Erzengels Michael. Vermutlich wird er in Caravaggio geboren, einem Dorf in der lombardischen Provinz Bergamo, das ungefähr zwei Stunden mit dem Pferd von Mailand entfernt liegt. Der Vater ist Maurermeister, die Mutter Tochter eines Landvermessers und Kämmerers. Trotz ihrer bürgerlichen Herkunft unterhalten die Eltern enge Beziehungen zu einem alten Adelsgeschlecht, den Sforzas. Eine Weile lang lebt die Familie in Mailand, einer Stadt, die mit damals hunderttausend Einwohnern ungefähr so groß wie London oder Paris zu jener Zeit ist. Als die Pest 1576 in der Lombardei wütet, stirbt der Vater, damals ist Caravaggio fünf Jahre alt. Mit zwölfeinhalb schickt ihn die Mutter schließlich zu einer Ausbildung in das beste Maleratelier Mailands, vielleicht weil sie wünscht, dass ihr Sohn ein Handwerk erlernt und gleichzeitig Chancen auf eine Karriere erhält. Das hohe Lehrgeld bringt sie auf, indem sie ein Grundstück ihrer Kinder verkauft. Bei dem Tizian-Schüler Simone Peterzano lernt Caravaggio die Fluchtperspektiven zu zeichnen und den Untergrund für Affresco-Malerei vorzubereiten, er schult sich an Stichen Raffaels und Michelangelos. Damals hätte sich der Mann mit den wilden Locken wohl nicht vorstellen können, dass er einmal als bedeutendster Maler des Frühbarock in die Geschichte eingehen würde. Und dass er kurz vor seinem Tod auf Malta zum Ritter geschlagen würde, ebenso wenig.

Im Großmeisterpalast in der maltesischen Hauptstadt Valletta blickt Alof de Wignacourt in den Spiegel. Er sieht einen Mann mit sorgfältig gestutztem Vollbart, die Haare sind akkurat aus der Stirn gekämmt. Für seine sechzig Jahre hat er sich gut gehalten. Es wird Zeit, denkt er, endlich sein Bildnis in Öl zu verewigen – in Rüstung und mit Waffen. Wignacourt ist der Großmeister des Johanniterordens und damit der mächtigste Mann Maltas.

Alof de Wignacourt kommt 1547 zur Welt. Als Jugendlicher erlebt er, wie die Ritter auf der Landzunge Monte Sciberras westlich des zerstörten Fort St. Elmo eine Stadt planen: Humilissima Civitas Vallettae – die höchst bescheidene Stadt von Valletta. Der Grundstein für Valletta wird im März 1566 durch den Großmeister des Ordens gelegt, durch Jean de la Valette. Zwanzig Jahre dauert es, bis die wie ein Schachbrett angelegte Stadt fertiggestellt ist – mit Großmeisterpalast und St. John's Co-Cathedral, in der acht prunkvoll überladene Kapellen jeweils einer »Zunge«, einer Sprache des Johanniterordens und ihren Schutzheiligen geweiht sind. Bereits als Jugendlicher tritt Wignacourt in den Ritterorden ein, und als im Mai 1576 ungefähr vierzigtausend osmanische Soldaten die Insel einnehmen wollen, gehört er zu jenen Ordenskämpfern, die Malta verteidigen. Mit Erfolg. Zuletzt sind nur sechshundert Malteser übrig, doch ihnen gelingt es, die Türken zu besiegen

Im Alter von zweiundvierzig Jahren wird Wignacourt von Vertretern verschiedener Ordensstände zum Großmeister des Malteserordens gewählt. Mit diesem Amt steht er im Rang eines Kardinals und hat nach dem Papst die höchste Würde innerhalb der römisch-katholischen Kirche inne. Wignacourts Eitelkeit kommt das entgegen. Unlängst hat er einen Brief an die Verwaltung von Florenz geschickt mit der Bitte, ihm einen Porträtmaler zu senden. Doch der Plan scheitert. Zwar wurde ein Künstler mit Pigmenten und Staffelei ausgestattet, doch dieser Maler trifft nie in Valletta ein. Vielleicht hat er Florenz gar nie verlassen, Wignacourt weiß es nicht. Doch nun hat er Grund zur Zuversicht. Ein Glaubensbruder hat ihm als Alternative Caravaggio angekündigt.

Nach seiner Gesellenprüfung reist Caravaggio durch Italien und lebt spätestens ab dem vierunddreißigsten Lebensjahr in Rom. Dort findet er hervorragende Bedingungen vor, um sich als Maler einen Namen zu machen. Denn der Bedarf an Künstlern für die Ausstattung der Kirchen und Paläste ist gewaltig. Caravaggio heuert in verschiedenen Malerwerkstätten an. Im Atelier Giuseppe Cesaris, einem vom Papst Clemens VIII. bevorzugten Künstler, ist er für das Malen von Bäumen und Früchten zuständig. Schließlich lernt er den Kunstliebhaber Kardinal Francesco del Monte kennen, der ihn bei sich wohnen lässt und in die wohlhabende Gesellschaft Roms einführt. Bald ist Caravaggio gefragt – und gefürchtet! In der Kirche San Luigi dei Francesi etwa, wo sich die in Rom lebenden Franzosen zum Gottesdienst treffen, malt er in der Contarelli-Kapelle Szenen aus dem Leben des Apostels Matthäus. Den einstigen Zöllner Matthäus zeigt er im Kreis seiner Kollegen, die gierig ihre Steuereinnahmen zählen und wie eine Runde Falschspieler aussehen. Caravaggio stellt die biblischen Szenen so dar, als würden sie sich in einer römischen Taverne zutragen. Kein anderer Maler jener Zeit hat das gewagt. Seine Auftraggeber sind entsetzt und fasziniert.

Wignacourt streicht mit der Fingerkuppe des rechten Zeigefingers über eine Warze, die sich auf seinem linken Nasenflügel erhebt. Er weiß, dass Caravaggio realistisch malt. Sicher verschont er ihn nicht und bildet ihn mit all seinen Makeln ab. Ergeben nickt Wignacourt seinem Spiegelbild zu. Anderseits stammen von Caravaggio zahlreiche Bildnisse von Jünglingen. Der Knabe mit dem Früchtekorb zum Beispiel oder der lebensgroße Amor, der mit gespreizten Beinen auf einem Himmelsglobus sitzt. Vielleicht wird Caravaggio ihn an der Seite eines Pagen malen. Denn Wignacourt liebt es, sich mit jungen Männern zu umgeben. Ach! Er wird es Caravaggio einfach befehlen! Die Macht dazu hat er, und Caravaggio ist als Flüchtling nicht in der Position, Ansprüche zu stellen.

Caravaggio prügelt sich gerne. Bereits in Rom ist sein Strafregister fast so lang wie das seiner Werke. Im Mai 1606 schließlich eskaliert die Situation. Zum einjährigen Jubiläum der Papstkrönung Pauls V. quellen in Rom die Straßen vor Menschen und Musik über. Caravaggio hat sich zu einem Ballspiel auf dem Marsfeld verabredet, zu einer Art Tennis, Pallacorda oder Schlagball genannt. Aus dem Spiel wird plötzlich ein Kampf: Caravaggio und sein Widersacher streiten, möglicherweise geht es um eine Frau, um eine Kurtisane, die Caravaggio gern malt. Caravaggio überlebt seine Wunden, sein Gegner jedoch stirbt. Seitdem wird Caravaggio per Haftbefehl gesucht. Sein Steckbrief hängt überall in der Stadt, und der Papst hat ihn mit dem »bando capitale« belegt, einem Aufruf, der besagt, dass jeder Einwohner der päpstlichen Staaten Caravaggio straffrei töten darf. Caravaggio flieht. Er bringt sich zunächst im südlich von Rom gelegenen Fürstentum Paliano in Sicherheit. Einige Monate später zieht er in das spanische Königreich Neapel. Dort malt er Altarbilder und sakrale Gemälde – sein Talent ist so gefragt, dass sich die spanischen Ordensherren, Adeligen und Kaufleute gerne auf den Kriminellen einlassen.

Dann ereilt Caravaggio der Ruf Wignacourts. Auf der Mittelmeerinsel Malta gibt es zwar einen Aufnahmestopp für Schwerverbrecher wie Caravaggio. Doch der Großmeister braucht einen Hofmaler, und das wiegt mehr.

Caravaggio hat vor zwei Tagen die Galeere verlassen, doch noch immer scheint der Boden unter seinen Füßen zu schwanken. Oder hat er zu viel Wein getrunken? Caravaggio ist Gast auf einer Willkommensparty des sizilianischen Ritters Giacomo Marchese. Marchese ist selbst Reisender auf einer der Galeeren der Flotte des Johanniterordens gewesen. Er hatte sich bei einem Stopp in Messina eingeschifft und will nun auf einer kleinen Feier begießen, dass sie die gefährliche Überfahrt heil überstanden haben. Caravaggio hält sich abseits. Er kennt kaum jemanden. Doch dann hört er, wie Giacomo Marchese über einen anwesenden griechischen Maler scherzt, der zwei Frauen das Jawort gegeben hat – was verboten ist. Die Männer lachen, einer schweigt. Es ist Paolo Cassar, ein Richter für Zivil- und Kirchenrecht. Er denunziert am nächsten Tag den Maler aus

Griechenland bei der maltesischen Inquisition der Bigamie, und wenige Tage später wird auch Caravaggio vorgeladen. Der Inquisitor Leonetto Corbiaro befragt ihn acht Wochen lang zu dem angeblichen Bigamisten und will Namen aus ihm herauspressen. Caravaggio kann nicht weiterhelfen, er weiß nichts. Am Ende verläuft der Prozess ergebnislos. Doch der Vorfall macht Caravaggio klar: Auf Malta kann man sehr schnell mit dem Gesetz in Konflikt geraten – schneller als in Rom, wo er mächtige Freunde hatte. In Valletta wird er sich fügen müssen. Zumindest muss er es versuchen.

Wignacourt nickt wohlgefällig. Er muss darauf achten, nicht zu begeistert zu wirken. Aber tatsächlich ist er mehr als zufrieden mit dem schmeichelhaften Porträt, das Caravaggio von ihm angefertigt hat. Auf dem zwei Meter hohen und fast eineinhalb Meter breiten Gemälde blickt Wignacourt auf sein Ebenbild. Überlebensgroß füllt er den linken Bildraum aus und wirkt lässig – sofern das in Ritterrüstung möglich ist. Sein Blick geht nach rechts. Entschlossen in die Zukunft. Den Pagen, der ihm einen federbesetzten Helm reichen will, scheint er nicht wahrzunehmen. Seine Hände stecken in Panzerhandschuhen, sie halten eine Art Schlagstock fest umschlossen. Sogar die Warze auf der Nase hat Caravaggio im Schatten verschwinden lassen.

Wignacourt ist so zufrieden, dass er Caravaggio für dieses Gemälde in den Stand eines

Ritters erheben möchte. Er hat einen Brief an den Papst aufgesetzt.

Caravaggio sitzt in einer Taverne im Zentrum Vallettas. Sein Gesicht flackert im Kerzenschein. Er schiebt den Kelch über den Tresen, und erneut fließt Wein aus dem Schlauch in das Gefäß. Wann soll er feiern, wenn nicht heute? Caravaggio leert das Glas in einem Zug und wischt sich mit den Handrücken über den Mund. Siegessicher ist sein Blick. Als er auf Malta ankam, hatte er durchaus die Hoffnung gehabt, in den Stand eines Ritters erhoben zu werden. Doch es sah nicht gut für ihn aus: Wer Ritter werden will, muss adelig sein oder über Vermögen verfügen. Beides trifft nicht auf ihn zu. Doch Wignacourt hat sich persönlich für ihn eingesetzt. Und der Papst hat zugestimmt. Caravaggio wird in den Orden der Malteserritter aufgenommen.

Sechs Wochen nachdem Caravaggio zum Ritter geschlagen wurde, gedenken die Bewohner Maltas am 29. August 1608 der Enthauptung des heiligen Johannes. In einer kleinen Kapelle der St. John's Co-Cathedral in Valletta trifft sich an diesem Tag die Gemeinde, um Caravaggio neues Altargemälde einzuweihen. Als der Vorhang fällt, enthüllt er eine Leinwand, die die gesamte Stirnwand des Bethauses ausfüllt. Zu sehen ist eine Schreckensszene in einem kargen Gefängnishof. Vor einer langen dunklen Hauswand krümmt sich Johannes der Täufer auf dem Boden. Er lebt, denn dem Henker im Auftrag König Herodes' ist es nicht gelungen, den Kopf mit dem Schwert vollständig vom Rumpf abzutrennen. Der Henker hat sein Schwert beiseitegelegt. Breitbeinig beugt er sich über Johannes und zieht mit der rechten Hand hinter dem Rücken ein Messer aus der Scheide, nun will er die Enthauptung vollenden. Danach soll er, so weist ihn ein Kerkermeister an, den Kopf in die Schale legen, die eine Magd bereithält. Neben der Blutlache ist die Signatur des Künstlers zu lesen: »fMichelAn« (f steht vermutlich für frater – Bruder). Es ist die einzige Signatur, die Caravaggio jemals auf ein Bild gesetzt hat.

Caravaggio ist bei der Enthüllung nicht zugegen. Er sitzt wieder einmal im Gefängnis. Er war zehn Tage vorher mit einigen Freunden und Trinkkumpanen durch die Straßen gezogen und hatte zusammen mit anderen die Tür des Organisten der St. John's Co-Cathedral eingetreten. Dabei wurde einer der Ordensritter verletzt, und Caravaggio gelangte in Untersuchungshaft auf Fort St. Angelo, einer Burg hoch über dem Mittelmeer. Malen darf er dort nicht. Dieses Mal, so fürchtet Caravaggio, kommt er nicht ungeschoren davon. Also besorgt er sich ein Seil und findet im Oktober einen Weg, sich aus der Festung abzuseilen.

Irgendwer lotst ihn auf ein Schiff nach Sizilien, und in der Folge begeht Caravaggio die eigentliche Straftat, für die er bald aus dem Ritterorden ausgeschlossen wird: Er entfernt sich unerlaubt von der maltesischen Insel. Und den

Konvent zu verlassen, gilt den Statuten zufolge als Hochverrat. Auf einer öffentlichen Ordensversammlung im Dezember 1608 im Oratorium der St. John's Co-Cathedral wird Caravaggio aus dem Orden ausgeschlossen, vor seinem Bild von Johannes dem Täufer. Caravaggio ist in diesem Augenblick bereits in Sizilien. Doch er hat kein Glück. Zwei Jahre später macht er sich auf den Weg nach Rom, wo er sich vom Papst die Begnadigung erhofft. Auf dem Weg dorthin stirbt er. Er ist erst achtunddreißig Jahre alt.

Maria und ihre Schwestern

Die Morgensonne strahlt von einem atlantikblauen Himmel, als ich mit meiner Tochter im Auto durch Ħal-Far fahre, ein Industriegebiet im südlichen Malta. Auf der schnurgeraden Straße schweift der Blick unverstellt bis zum Horizont. Zu unserer Linken schwappt ein graues Meer an die Kaimauer, in der Ferne zieht ein Containerschiff vorbei, und der Wind trägt den Geruch von Salz durch das geöffnete Autofenster. Hin und wieder erklingt der Schrei einer Möwe, einsam und fordernd. Nicht minder fordernd dringt in regelmäßigen Abständen die Stimme meiner vierjährigen Tochter Ylvie an mein Ohr: »Sind wir gleich da?« – »Ist es noch weit?« – »Sind wir gleich da?«, möchte sie wissen. Sie kann unseren Besuch in der Playmobil-Fabrik kaum erwarten.

Playmobil ist ein deutsches Unternehmen mit Sitz in Zirndorf bei Nürnberg. Es lässt die kleinen Figuren mit den beweglichen Gliedmaßen seit den siebziger Jahren in Deutschland fertigen, ein weiterer Standort befindet sich auf Malta. Mehr als 2,7 Milliarden Playmobil-Figuren haben die Insel im Mittelmeer bislang verlassen.

Laut dem Navigationsgerät erreichen wir in etwa fünf Minuten unser Ziel, doch weit und breit ist nichts von einem Gebäude mit bunten

Spielfiguren zu sehen. Auf den mit hellroten Steinen gepflasterten Bürgersteigen suche ich vergeblich Kinder auf einem Schulausflug, kein Bus voller Touristen kreuzt unseren Weg. Dann taucht in einem Straßenknick eine Imbissbude auf. Ich halte an und erkundige mich bei der Dame im Inneren der kleinen Küche, ob wir richtig seien, wenn wir ... Die Frau nickt. Playmobil. Was sonst. »Fahren Sie einfach immer weiter geradeaus, Sie können es nicht verfehlen.«

Playmobil ist für unzählige Menschen eine Kindheitserinnerung. Auch ich besaß ein kleines Puppenuniversum, bestehend aus Prinzessinnen, Rittern, Feen und Cowboys, die ich in einer mit Tapete beklebten Waschmitteltonne aufbewahrte. Heute beobachte ich meine Tochter dabei, wie sie mit ihren Playmobil-Figuren leise vor sich hin tuschelt. Wie sie einem Bauarbeiter den Helm abnimmt und ihn mit der blonden Perücke einer Fee in irgendein Mischwesen verwandelt oder Püppchen in Zweierreihen arrangiert und damit einen Kindergartenausflug nachstellt. Die ersten Playmobil-Figuren, mit denen Ylvie spielte, stammten aus einer Weihnachtskrippe mit Fächerpalme, Ochse, Hirten und Stall. Besonders Maria schloss sie in ihr Herz. Die kleine Dame mit dem schwarzen, geflochtenen Zopf begleitete uns eine Weile überallhin. Als ich mit meiner Tochter nach Malta flog, stand für mich fest: Wir besichtigen den Ort, an dem Maria und ihre Schwestern zur Welt kamen.

Nach wenigen Minuten Fahrzeit ragen zwei kantige Türme mit geziegeltem Dach im zarten Wolkenschleier auf. Die riesige Playmobil-Ritterburg ist um eine Straßenecke herum gebaut und sieht genauso wie das Kinderspielzeug aus – mit Zinnen, Erkern und rot-weiß gestreiften Flügeltüren vor Rundbogenfenstern, allerdings in Lebensgröße. Die Ziegel der Festung stapeln sich Naht an Naht akkurat übereinander und geben vor, wie beim Original aus glänzendem Plastik gefertigt zu sein, tatsächlich aber bestehen sie aus Stein. Ylvie windet sich im Autositz auf der Rückbank und kann es kaum erwarten, eine Architektur zu stürmen, die sie bislang nur aus der Vogelperspektive kennt.

Zum Innenhof führt eine heruntergelassene Zugbrücke mit einem schmiedeeisernen Geländer. Dahinter erheben sich lebensgroße Knappen. Sie tragen geknöpfte Westen, weiße Blusen zu Knickerbockerhosen, und obwohl sich die Playmobil-Klone ähneln wie ein Ei dem anderen, wirken sie auf mich doch unterschiedlich – fast so, als hätten sie eine eigene Persönlichkeit: Der eine reckt seine Greifarme in die Luft und wirkt fröhlicher als seine Mitstreiter, ein anderer wendet sich ab, als wäre ihm der Trubel zu viel. Denn inzwischen hat sich eine Schulklasse etwa neunjähriger Jungen und Mädchen auf der Ritterburg eingefunden. Die Playmobil-Männchen bilden einen Gang und geleiten die Eintretenden dadurch zu einem Thron mit Baldachin, den die Königin und der König des Hauses für Gäste frei gelassen haben. Ylvie verwandelt sich in einen Flummi. Sie springt auf den Thron und wieder herab. Sie sagt einem Piraten in einem blau-weiß gestreiften Hemd Guten Tag und weicht zurück, als sie dem Tempelritter mit seinem bodenlangen schwarzen Gewand begegnet, den Schlapphut hat er tief in die grimmige Stirn gezogen. Von einer Balustrade grüßt das Herrscherpaar. Die Kronen der Puppen mit den steil aufragenden Zacken erinnern an Kinderbasteleien, und das zartrosafarbene Kleid der Königin plustert sich im Wind auf, zumindest erscheint es mir so. Neben den beiden nehme ich einen Schriftzug an der weiß getünchten Gebäudewand aus bunten Buchstaben wahr: »Playmobil FunPark« steht dort. Wir sind also nicht in der Fabrik gelandet, sondern beim Eingang zum Vergnügungspark. Hier können die Kinder mit allen möglichen Playmobil-Sachen spielen, mit Schiffen, Burgen, Hubschraubern oder Schlössern. Ylvie ist glücklich an diesem Ort und möchte bleiben. Doch ich habe mich in der Fabrik mit einer Mitarbeiterin aus der Öffentlichkeitsarbeit verabredet, sie wird uns über das Werksgelände führen und uns zeigen, wie die sieben Zentimeter hohen Spielzeuge herstellt werden. »Ist das nicht toll?!«, wende ich mich an meine Tochter. »Zu sehen, woher deine kleine Maria stammt?« »Nein«, ruft Ylvie und rennt in den Shop, der dem Funpark vorgelagert ist. Mit sperrangelweit geöffneten Augen bleibt sie vor den Auslagen mit Spielzeugfiguren stehen. In einem Regal stapeln sich bedruckte Schachteln übereinander, auf denen Bauernhofszenen mit Pferden inmitten sonniger Landschaften abgebildet sind.

»Darf ich mir das wünschen, Mama?«, fragt Ylvie und deutet auf einen Stall mit tannengrünem Fachwerk und senfgelbem Heu. »Und das hier?« Eine Kutsche mit roten Speichenrädern, gezogen von einem rustikalen Pferd mit Scheuklappen. »Und das hier?« Ein kleines Mädchen mit Cowboyhut und niedlichem Fohlen.

»Ja. Wünschen darfst du dir alles«, lautet meine Standardantwort, sie lässt Hoffnung in dem kleinen Gesicht aufblitzen. Kurz darauf erlischt sie. »Jetzt gehen wir erst einmal in die Fabrik und schauen uns an, wie Maria hergestellt wurde. Danach kommen wir zurück.«

»Nein!«

Ich weiß nicht mehr genau, wie es mir gelingt, meine Tochter umzustimmen. Möglicherweise sind Gummibärchen im Spiel oder das Versprechen, ihr eine Kutsche zu kaufen.

Doch dann stehen wir in dem schneeweißen Foyer des Fabrikgeländes und begrüßen Judith Farrugia. Die junge Frau stammt ursprünglich aus Rheinland-Pfalz und arbeitet seit vielen Jahren für Playmobil auf Malta. Irgendwann hat sie sich in einen Malteser verliebt und seitdem auf der Insel im Mittelmeer eine neue Heimat gefunden. Das erzählt sie, während wir zu der ersten

Halle gehen. Halle 1 ist ein riesiger, lichtdurchfluteter Raum, in dem sich Industrieregal an Industrieregal reiht. Auf Brettern stehen riesige Schütten, und auf dem Boden erheben sich kniehohe Eimer. Alles wirkt so aufgeräumt, als hätte ein besonders gewissenhafter Riese einen Hobbykeller eingerichtet. Judith Farrugia nimmt den Deckel eines Eimers ab, in dem sich stahlblaue Körner zu einem Berg auftürmen. »Komm«, wendet sie sich an meine Tochter, die etwas unentschlossen neben mir steht. »Fass das mal an.« Die Vorstellung, das Granulat durch die Finger rieseln zu lassen, wirkt auf mich verlockend, doch Ylvie verharrt stocksteif und rührt sich nicht. Vielleicht ist sie schüchtern, vielleicht interessieren sie die Körner nicht. Vielleicht will sie aber auch einfach nur zurück in die Playmobil-Ritterburg. Judith Farrugia erfüllt dennoch ihre Pflicht und erklärt: »Das ist das Rohmaterial für unsere Figuren. Es besteht aus Kunststoff und wird uns in den Grundfarben Blau, Rot, Grün und Gelb direkt vom Hersteller geliefert. Anders sieht es mit dem Gold und Silber für Piratenschätze oder dem Rosa für ein Prinzessinnenkleid aus. Hierfür müssen wir ein weißes Granulat mit Farbpigmenten mischen – so ähnlich wie du« – Blick zu meiner Tochter – »im Farbkasten Blau oder Rot mit Deckweiß für Pastellfarben mischst. Insgesamt verfügen wir über mehr als dreitausend Farbrezepturen.« Judith Farrugia spricht mit lauter Stimme, denn in der Halle ist es ohrenbetäubend laut. Warum eigentlich? »Schaut mal nach oben zur Decke«, sagt sie. Dort verläuft ein System aus glitzernden Aluminiumrohren. »Durch die Rohre wird Granulat zu den sogenannten Spritzgussmaschinen geschossen, in denen die Körperteile hergestellt werden. Das Durchjagen der Körner durch die Rohre verursacht das permanente Rauschen. Die Maschinen für die Körperteile schauen wir uns jetzt an.« Meine Tochter winkt mich zu sich herunter: »Ich will zu den Spielzeugen«, sagt sie leise.

Auf dem Weg zur Spritzerei bedauere ich, keinen Buggy dabeizuhaben. Die Fabrik ist ungefähr so groß wie fünf Fußballfelder, und Ylvie hat keine Lust zu laufen. Sie stellt sich vor meine Füße und bringt mich dazu, stehen zu bleiben. Mit ausgestreckten Armen bedeutet sie mir, dass sie getragen werden möchte. Judith Farrugia hat bereits Vorsprung gewonnen, also hebe ich meine Tochter hoch und laufe mit einem zufrieden lächelnden Fünfzehn-Kilo-Paket hinterher so schnell ich kann. Schulklassen können in der maltesischen Playmobil-Fabrik Werksführungen buchen, aber Ylvie ist als Kindergartenkind vielleicht noch ein wenig zu klein für diesen Ausflug. Nun habe ich ein schlechtes Gewissen.

In der Spritzerei liegt der Geruch von geschmolzenem Plastik in der Luft. »Die Granulatkörner werden auf zweihundert Grad erhitzt, damit aus ihnen die Spielzeugteile gegossen werden können«, erläutert Judith Farrugia. Ich stelle meine Tochter zuversichtlich auf den Boden: Hier wird es schon spannender! Ich deute auf eine der länglichen Maschinen, in deren Mitte ein Fenster Einblick in die Abläufe im Inneren gibt: Eine Spritzdüse schießt das flüssige Plastik in ein kleines Förmchen – in diesem Fall ist es ein Greifarm, der hergestellt wird. Das Material kühlt innerhalb kürzester Zeit aus. Dann wird das Förmchen mit einem Drehmechanismus ausgekippt und landet auf einem schmalen Förderband. Darauf gelangt es zum hinteren Teil der Maschine und purzelt in eine auf dem Boden bereitstehende Box. »Guck mal, jede Maschine in diesem Raum stellt ein Körperteil her, einen Arm, ein Bein, einen Kopf«, sage ich zu meiner Tochter. Währenddessen wird mir bewusst, wie gruselig das klingt: eine Maschine, die einzelne Körperteile produziert. Wir blicken auf einem Korb, aus dem uns Dutzende braune Pünktchenaugen anstarren. Die Haartrachten auf den Köpfen fehlen, dafür lächeln uns die typischen schmalen Mund-Mondsicheln an. Da hilft es auch nichts, dass Judith Farrugia erwähnt, dass die Augen und Münder ebenfalls im Spritzgussverfahren erstellt werden. »Dadurch kann sich die Farbe nicht ablösen, wenn ein Kind eine Figur in den Mund nimmt und darauf herumlutscht.«

Wir schlendern durch den Maschinenwald, und meine Tochter beobachtet konzentriert einen Korb voller Rümpfe. Eine Szene wie aus einem Schlachthof. Überfordert sie die Situation? Sie weiß ja nicht, wie überhaupt irgendjemand oder irgendetwas entsteht – und nun erlebt sie die automatisierte Massenproduktion in einer Fabrik. Ich knie mich neben sie und streichele ihr über den Rücken. »Ich will zu den Spielzeugen«, sagt sie lauter.

In der nächsten Halle arbeiten Frauen und Männer in Overalls an Förderbändern. Sie stecken die Figuren zusammen oder verpacken sie. Als sie uns sehen, lachen und winken uns einige zu. »Wir produzieren fast sechstausend Einzelteile täglich auf Malta …«, setzt Judith Farrugia an. Doch meiner Tochter reißt der Geduldsfaden. »Mama! ICH WILL ZU DEN SPIELZEUGEN!«

Judith Farrugia streichelt über ihren Bauch, sie ist hochschwanger und erwartet ihr erstes Kind. »Kein Problem«, sagt sie verständnisvoll und lächelt. »Wir sind ohnehin am Ende der Führung angelangt.« Im Foyer schenkt sie uns jeweils einen Schlüsselanhänger mit einem Polizisten daran, aber Ylvie hat es zu eilig, um diese Aufmerksamkeit zu würdigen. Sie ist schon fast zur Tür hinaus, auf dem Weg zum Vergnügungspark von Playmobil. »Aber vielen Dank!«, rufe ich Judith Farrugia noch zu.

Der FunPark ist eine mit Laminat ausgelegte Industriehalle, in der sich Fensterluken wie Schießscharten unter der Decke öffnen. Eine Fototapete mit dicken Schäfchenwolken vor einem stahlblauen Himmel sorgt für die Illusion von Freiluft, und ein riesiger Playmobil-Hubschrauber gibt vor, gleich an einer überdimensional großen Polizeistation zu landen. Der Ort verströmt den Charme einer Mittagstischkantine, doch meiner Tochter gefällt es. Sie setzt sich an einen der Spieltische, greift sich Pferd und Reiter und murmelt leise vor sich hin. Langsam kehrt die Magie der bunten Figuren zurück. Und bei einem Automaten-Cappuccino beginnt auch für mich der entspannte Teil des Ausflugs.

Zeitverlangsamungsmaschine Gozo

Aus der Luft in dreitausend Metern Höhe sehen die drei Inseln Malta, Comino und Gozo wie ein Urzeittierchen aus, das in einer Badewanne planscht. Der aufgeplusterte Körper ist Malta, das Köpfchen Gozo, Comino liegt wie ein Adamsapfel dazwischen. Täglich setzen Fähren von Malta nach Gozo über. Fünf Kilometer, zwanzig Minuten dauert die Fahrt. Die Touristen stehen am Bug des Schiffes und halten das Gesicht in den blauen Sommerwind, während die Einheimischen im Aufenthaltsraum der Fähre einen süßen Kaffee trinken – sie kennen den Anblick des Meeres, das sich neben dem Schiffsbauch kräuselt, als würde es gekitzelt. Und auch wenn Gozo wie eine zartgelbe Fata Morgana am Horizont aufblitzt, die Umrisse verschwimmend, bis sie sich schließlich scharf stellen, geraten nur Touristen wie ich in Verzückung. Dabei lebe ich bereits seit einigen Wochen auf Gozo. Doch immer wieder ist es wunderschön, zurück auf die Insel zu kommen, die anmutet wie ein kleines Dorf. Endlich zu Hause, denke ich, als ich mit dem Auto von der Fähre rolle und in Gozos Hafenstädtchen Mġarr die in der Bucht auf und ab wippenden Fischerboote hinter mir lasse.

Ich habe häufig Ferien auf Malta gemacht und

von dort aus Tagesausflüge nach Gozo unternommen – so wie zahlreiche Urlauber, die morgens mit der Fähre übersetzen und abends zurückkehren. Jedes Mal wünschte ich mir, ich hätte mehr Zeit gehabt. Denn Gozo verströmt Ruhe. Im Vergleich zu Malta ist die Insel winzig. Viermal kleiner. Vierzehn Dörfer liegen versprenkelt zwischen grünen Feldern und an schroffen Felsen. In den Steinhäusern leben dreißigtausend Menschen – ins Berliner Olympiastadion passen mehr als doppelt so viele. Und mir kommt es vor, als verfügten die Gozitaner über eine Maschine, mit der sich die Zeit anhalten oder ausdehnen lässt. Das ist natürlich eine Wunschvorstellung, eine Projektion. Aber um etwas verloren gegangene Langsamkeit in mein Leben zu bringen, miete ich bei meinem nächsten Malta-Aufenthalt eine private Unterkunft auf Gozo, große Hotels existieren hier ohnehin nicht. Ich möchte mich ohne Hektik auf der Insel treiben lassen und das machen, was im Alltag oftmals zu kurz kommt.

Ich lebe in Qala, Gozos östlichstem Dorf, das aus nur wenigen Straßen besteht. »Gozo ist magisch«, sagt auch mein Vermieter, ein Zugezogener, der halb in Paris, halb in Qala residiert. »Manchmal habe ich so große Sehnsucht nach der Insel, dass ich nur für zwei Tage dorthin fliege. Sobald ich hier auf meiner Dachterrasse in der rosa untergehenden Abendsonne sitze und in der Ferne die Kuppeln der Kirchen sehe, komme ich zur Ruhe.«

In den Sommermonaten sind die Straßen in Qala morgens still, in der Mittagshitze wie ausgestorben. Erst wenn sich die Dämmerung über die Gebäude aus Sandstein senkt, verlassen die Menschen ihre Behausungen. Sie setzen sich auf die Stufen vor ihre Eingänge oder stellen Campingtische auf die brüchigen Bürgersteige. Dort spielen sie mit Nachbarn Karten, rauchen und trinken Schnaps. Ich spaziere jeden Abend ins Zentrum. Dort erhebt sich eine Pfarrkirche, deren Inneres mit roten Samtvorhängen in vergoldeten Nischen an ein barockes Theater erinnert. Abends erwacht um sie herum das Leben in den Restaurants. In den Pizzerien klappern Messer und Gabeln. Kellner balancieren Teller mit Pizzen auf den Fingerkuppen, Mineralwasser perlt in Karaffen, und nur wenige Hundert Meter entfernt bricht sich das Mittelmeer an der wildromantischen Felsenküste.

Ich habe kein bestimmtes Ziel vor Augen, als ich mich an einem der ersten Tage ins Auto setze und losfahre. Doch auf Gozo führen alle Wege nach Victoria, sie fließen sternförmig auf die Hauptstadt der Insel zu, durch grüne Täler und über sanfte Hügel. Zum diamantenen Thronjubiläum der britischen Königin Victoria erhielt das Städtchen 1897 seinen Namen. Zuvor hieß es arabisch Rabat, und so nennen es heute immer noch viele Einheimische. Eine Festung in der Farbe einer Sandrose überragt die engen Gassen und barocken Villen der kleinen Hauptstadt. Die Zitadelle aus dem Mittelalter ist fast von der ganzen Insel aus zu sehen. Zu ihren Füßen schlendere ich an Souvenirgeschäften vorbei und probiere ein Weihnachtsgebäck, das auf Malta das ganze Jahr über verkauft wird: *Qagħaq ta' l-għasel* sind Kringel, die wie Marmorkuchen aus hellem und dunklem Teig gefertigt sind. An der Hauptstraße Republic Street buhlen gleich zwei Opern um die Gunst der Zuhörer: das säulengeschmückte Teatru Astra mit einem prächtigen Balkon im ersten Geschoss und dreihundert Meter davon entfernt das Aurora mit tausendsechshundert samtbezogenen Sitzen. Gozo verfügt mit den beiden Häusern, die pro Saison jeweils eine Oper aufführen, über die höchste Operndichte der Welt. Jetzt, im Hochsommer, schlafen die Häuser.

In der Mittagshitze schreite ich auf Gozo durch unzählige Kirchenschiffe. Ich bestaune Madonnen mit schmalen Gesichtern, Gemälde mit flauschigen Wolken, gewaltige Orgelpfeifen, und ich raste auf Kirchenbänken aus Kirschholz. Besonders schön ist die Basilika ta' Pinu. Sie erhebt sich auf einem Plateau, hinter dem die Felsen steil in die Tiefe zum Meer hinabstürzen. An genau dieser Stelle befand sich im Jahr 1888 eine Kapelle, an der einer Bäuerin aus dem Dörfchen Għarb die Muttergottes erschienen ist. Maria forderte die Frau auf, dreimal das Ave-Maria zu beten, seither pilgern Wünschende nach ta' Pinu und tragen der Madonna Fürbitten vor. In der 1930 eingeweihten Basilika ist es ruhig, es riecht nach

Desinfektionsmittel, und in farbigen Bündeln von Sonnenlicht, das durch Mosaikfenster bricht, tanzen Staubkörner. Hinter der Apsis erstrecken sich schmale Gänge, deren Wände über und über mit Bilderrahmen gepflastert sind. Darin befinden sich vergilbte Fürbitten und Dankschreiben, auf denen die Tinte verblasst. Eine Prothese hängt unter der Decke, außerdem bunte Kinderzeichnungen, Fotos von glatzköpfigen Herren und Damen mit lilastichigen Locken, eine Krücke. Vor dem Altar entzünde ich ein Teelicht und stelle es vorsichtig auf den pyramidenförmigen Opferlichtständer. In aller Stille wünsche ich mir auch etwas.

Mit einem Buch und Proviant im Gepäck mache ich mich auf, die Buchten zu erkunden. Sie sollen weniger überlaufen als diejenigen Maltas sein, was auch daran liegt, dass sie teilweise schwer zugänglich sind. Die Bucht San Blas versteckt sich in der Nähe des Dörfchens Nadur im Nordosten Gozos. Hinter einem Hügel, an dem Tamarisken, Feigen und Kapern wachsen, breitet sich das Meer als kühl glitzernder Teppich aus. Das Wasser lockt, doch der Weg an den Sandstrand ist steil und steinig. Die schmale Straße schießt so steil herab, dass ich Angst habe, auszurutschen. Deshalb gehe ich an manchen Stellen seitlich, einen Fuß quer vor den anderen gesetzt. All das verlangsamt meinen Abstieg, doch so habe ich Zeit, die Landschaft wahrzunehmen. Ich komme an Gärten vorbei, in denen Weintrauben gedeihen, Wildkräuter und Aloe Vera. Ein Chamäleon ergraut auf einem Steinmäuerchen, Grillen zirpen, und leise raschelt der Wind in den Gräsern. Einmal braust ein Jeep an mir vorbei. Es ist das einzige Fahrzeug, dem es erlaubt ist, diese halsbrecherische Strecke zu befahren, es ist ein kostenpflichtiger Zubringer für Menschen, die schlecht zu Fuß oder in großer Eile sind. Vielleicht auf dem Rückweg, denke ich schweißüberströmt. Unten angekommen, vergesse ich die Mühe sofort. Nur wenige Touristen haben ihre Handtücher in der Bucht ausgebreitet. Gemächlich schwappt das Wasser an den terrakottafarbenen Strand, und in einem Kiosk mit Bambusdach kaufe ich Wassereis am Stiel.

Die Ramla Bay ist eine weitere Bucht Gozos. Sie liegt wie ein rötlicher Bumerang zwischen Felsen im Norden der Insel. Der Wind trägt den Geruch von Kamille und Salbei über den Strand, und oberhalb der Klippen weist ein verwittertes Holzschild den Weg zu einer Grotte, die den Ort berühmt gemacht hat: Die Höhle der Calypso ist eine grün überwucherte Öffnung im Felsen, und der Legende nach pflegte die Meeresnymphe Calypso hier Odysseus gesund, der Homer'sche Held soll als Schiffbrüchiger an den Strand von Ramla geschwemmt worden sein. Calypso verliebte sich in ihn, er liebte sie nicht zurück – was für ein trauriges und zeitloses Schicksal. Daran denke ich, als ich am Strand einen Schattenplatz suche und mich in der Nähe von hartem, grünem

Gestrüpp niederlasse. Sieben Jahre lang dauerte die unglückselige Liaison zwischen Calypso und Odysseus, dann erbarmte sich Zeus und schickte Odysseus zu seiner geliebten Penelope zurück. Wenn es doch immer so einfach wäre. Mit Sand unter den Fingernägeln und im Haar trete ich den Rückweg in das schmale Haus in Qala an, das nach wenigen Tagen Aufenthalt zu meinem Zuhause geworden ist. Als ich den Schlüssel im Schloss drehe, winkt mich ein Nachbar heran und bittet mich, die Müllbeutel an einer Art Garderobenständer an der Straße aufzuhängen. Sonst fallen nachts die Katzen darüber her, sagt er.

Ich nehme mir vor, in fast jedem Dorf einmal zu speisen, und fahre nach Għajnsielem. Die Straße windet sich gemächlich einen Hügel hinab und wieder hoch. Palmen und Oleander wachsen am Wegesrand, und auf der Spitze einer Anhöhe erhebt sich eine gewaltige Pfarrkirche. Neben dem Glockenturm hängt im strahlenden Azur des Himmels die Sonne als goldene Münze. Ich parke auf der Pjazza Madonna Ta' Loreto und setze mich im Restaurant gegenüber an einen Tisch unter freiem Himmel. Die Speisekarte vereint alles, was ich mag: gegrillten Tintenfisch, Pizza, Salat mit Früchten und gebackenem Käse. Ich bestelle *ravjul* mit *ġbejna*, Ravioli mit Gozokäse in Tomatensauce. Zum Nachtisch begebe ich mich an die Restaurantbar, dort ist eine beleuchtete Glasvitrine mit *torti* gefüllt, die Nachspeisen locken in Knallgrün, Hellrosa, Schneeweiß. »Ein

Kuchen mit Mandelfüllung bitte – eine *torta tal-marmurat*«, sage ich und trage meine süße Fracht auf einem Porzellanteller nach draußen. Über mir beginnen die Glocken zu läuten, sie übertönen das Kreischen der Mauerschwalben in den Platanen. Die Idylle ist perfekt, doch als ich nach dem Essen mit dem Auto vom Kirchplatz fahren möchte, bleibe ich mit dem Wagen auf dem sehr hohen Bordstein hängen. Die Vorderräder berühren die Straße, die Hinterräder ragen in die Luft. Keine Chance. Aus eigener Kraft komme ich nicht weg. Also laufe ich zum Restaurant zurück und berichte einem Kellner von meiner Misere. Ich bin aufgeregt, doch er beschwichtigt und fordert eine Truppe männlicher Stammgäste auf, mir zu helfen. Sofort erheben die Männer sich, sie lassen ihre Gläser stehen und folgen mir zum Auto. Einer schiebt seine Mütze in den Nacken, ein anderer beugt sich unter das Auto, ein dritter lässt mit besorgter Miene seine Hosenträger schnalzen. Die Herren diskutieren, sie lassen sich Zeit. Schließlich stellen sich jeweils drei an beide Seiten des Autos. Sie greifen mit beiden Händen unter die Karosserie, und ein Anführer ruft »Hepp!«. Auf dieses Kommando hin heben die Gozitaner den Wagen hoch und hieven ihn auf die Straße. Es klappt. Die vier Räder berühren den Boden, alle lachen erleichtert, vor allem ich. »Das nächste Mal nimmst du wie alle anderen die Ausfahrt, die vom Platz führt«, ruft mir einer der Männer zum Abschied zu.

Xlendi im Südwesten erinnert an ein verschlafenes Piratennest. Die Bucht schmiegt sich als rechteckiger Swimmingpool zwischen die Steilküste auf der einen und ineinander verschachtelte Häuser auf der anderen Seite. Es würde mich nicht überraschen, wenn im türkisblauen Meer eine reich beflaggte Galeone ankern und Captain Jack Sparrow aus »Fluch der Karibik« über die Promenade flanieren würde. Stattdessen planschen Kinder mit orangefarbenen Schwimmflügeln im Wasser, Damen mit blütengeschmückten Badehauben und braun gebrannte Teenager in Shorts. An der Promenade reiht sich Café an Café, und in einem lasse ich mich nieder und bestelle Vanilleeis mit Cappuccino. Irgendwann senkt sich die Sonne als pfirsichfarbener Feuerball ins Wasser – ich habe gar nicht bemerkt, wie spät es geworden ist. Die Zeitverlangsamungsmaschine Gozo funktioniert.

Für meinen Besuch auf Comino muss ich mir allerdings den Wecker stellen. Denn nur wer morgens als einer der Ersten in der Blauen Lagune von Comino landet, kann ihre Schönheit in Ruhe genießen. Comino ist die kleinste der drei maltesischen Inseln und nur zweitausend Meter lang und tausendsiebenhundert Meter breit. Zwischen gelben Sauerampferfeldern und Büschen blühender Wolfsmilch lässt es sich im Frühjahr gut auf Comino wandern. In der Hitze des Sommers gilt die Blaue Lagune als Hauptattraktion. Vormittags steige ich im Hafen von Mġarr in ein schaukelndes Motorboot und gelange in ungefähr zwanzig Minuten auf die winzige Insel, auf der nur drei Menschen leben. Schon von Weitem leuchtet das kristallklare Wasser in der Bucht Karibik- und Miamiblau. Es ist so unwirklich schön, als strahlte ein unterirdischer Scheinwerfer es an. Die Sonne steht noch nicht am Zenit, doch es wimmelt bereits von Urlaubern. Liegestühle mit aufgeklappten Schirmen drängen sich dicht an dicht auf einem schmalen Sandstrand, sie zu mieten kostet so viel, dass ich ablehne, als mir ein Verkäufer einen Platz anbietet. Aber was könnte ich hier anderes tun, als am Strand liegen? Ich wate mit nackten Füßen durch das badewannenwarme Wasser, und als ich eine von Malta kommende Fähre sehe, die vor Touristen fast aus allen Nähten platzt, springe ich auf das nächste Boot zurück nach Gozo. Dort gefällt es mir besser.

Das Leben auf Gozo stellt sich ruhig und vorhersehbar dar. Doch manchmal passiert auch Überraschendes. Eines Abends warte ich in Qala in einer Pizzeria an der Pjazza San Guzepp auf meine Bestellung, als auf der schmalen Straße vor dem Restaurant ein Auto parkt. Ein etwa sechzigjähriger Mann in einem pinkfarbenen Polohemd mit aufgestelltem Kragen steigt aus. Das ist Carmel, der Hausmeister meines Vermieters, der mir bei der Ankunft die Schlüssel überreicht hat. Seine Haut ist von der Sonne gegerbt, sein Oberkörper gestählt, ich habe ihm sofort geglaubt, als er mir erzählte, dass er seit dreißig Jahren jeden Tag eine Stunde lang im Mittelmeer schwimmt, sommers wie winters. Er tritt an meinen Tisch und sagt: »Du warst nicht zu Hause, also habe ich dich gesucht.« Dann fragt er: »Möchtest du morgen die Ministerin von Gozo kennenlernen?« Ich erschrecke. Das ist in etwa so, als würde ich einem Touristen in Bayern vorschlagen, Horst Seehofer zu treffen. Ich traue mich nicht zu verneinen und nicke. Denn Carmel ist stolz. Er strahlt über das ganze Gesicht. »Ich kenne die Ministerin persönlich«, fügt er hinzu, bevor er mit seinem Auto wieder davonbraust.

Am nächsten Tag finde ich mich am vereinbarten Treffpunkt am St. Francis Square in Victoria ein, einem Kreisverkehr mit Springbrunnen, an dem der Verkehr lärmt. Carmel führt mich zu einem verschlossen wirkenden Palast, in dem die Regierungsmitglieder residieren. Der Empfang erinnert an einen altmodischen Postschalter, und eine elegante Dame fordert mich dort auf, einen Besucherschein auszufüllen. Dann erklimme ich hinter Carmel Marmortreppen, ich schreite durch Gänge, Galerien und lande schließlich in einem Vorzimmer von Gozos Ministerin. Justyne Caruana ist noch nicht da, dafür ihr Assistent. Was möchte die Touristin bei der Ministerin, fragen seine Augen. Auch ich frage mich das. Möchte sie mit mir über ein Projekt auf Gozo sprechen? Denkt sie, ich hätte um ein

Gespräch gebeten? Nach ungefähr einer Stunde des Wartens erscheint eine attraktive Frau in einem tomatenroten Kleid, das Haar akkurat zu einem Pagenschnitt geformt. Justyne Caruana bittet mich, an ihrem Mahagoni-Schreibtisch Platz zu nehmen. Neben uns sind ihre Mitarbeiter im Zimmer. »Wie kann ich helfen?«, wendet sie sich an mich. Justyne Caruana hat an der Universität von Malta Jura studiert und wurde 2003 aus dem Wahlkreis Gozo ins Parlament gewählt. Bevor sie 2017 Ministerin wurde, hat sie sich als parlamentarische Sekretärin für die Rechte von Menschen mit Behinderung eingesetzt. Ich habe mir einige Fragen überlegt, erfahre aber, dass ich ein Interview mit Diktiergerät vorher hätte anmelden müssen. So sieht es das Protokoll vor. Ich bin erleichtert, kein offizielles Interview führen zu müssen und plaudere mit Justyne Caruana über leichte Themen. Darüber wie prächtig die Insel ist. Wie herrlich das Wetter. Wie köstlich das Essen. Als Carmel mich nach draußen begleitet, lächelt er zufrieden. Ich hingegen freue mich nach dieser Aufregung auf einen Cappuccino im nächsten Café. Dort beginnt die Zeitverlangsamungsmaschine wieder die Sekunden, Minuten und Stunden zu dehnen. Es ist Urlaub, Urlaub auf Gozo.

Hüterin des Schlafes: Die Venus von Malta

Mehr als tausendfünfhundert Kilometer nördlich von Malta erhebt sich im norddeutschen Schleswig-Holstein ein backsteinerner Bauernhof inmitten von Wiesen, Äckern und Sümpfen. In einem erdfarben getünchten Raum ist es still. Alles dreht sich hier um das Thema Schlaf. Ein mit schwarzem Tuch bespannter Quader, ein sogenannter Schlafstein, lädt zum Ausruhen ein, und auf einem kleinen Marmoraltar döst in den süßlichen Schwaden von Räucherstäbchen ein dralles Fräulein aus Ton. Die Dame ruht auf der Seite. Einen Arm hat sie wie ein Kissen unter ihren winzig kleinen Kopf gebettet. Der andere Arm liegt vor ihrer Brust. Die Augen fest geschlossen, schläft sie seit Jahrtausenden einen tiefen Schlaf.

Seit Jahrtausenden? Zugegeben: Diese Frau aus Ton ist nicht besonders alt, sie wurde in irgendeiner Werkstatt auf Malta als Touristensouvenir gefertigt. Doch ihre Schwester, das Original, ist ein dickes Dornröschen aus der Steinzeit. Es schläft in dieser Pose seit mehr als fünftausend Jahren und ist damit älter als die Pyramiden Ägyptens.

Ich habe die Figur auf dem Bauernhof entdeckt, weil ich mich auf eine Spurensuche begeben habe. Eine Spurensuche, die auf Malta beginnt. In Paola, einem kleinem Nest, in dem ohnehin alles zu schlafen scheint. Dort, im Hal-Saflieni-Hypogäum, habe ich zum ersten Mal von dem Steinzeit-Dornröschen gehört.

Paola ist ein Städtchen im Südosten Maltas, dessen Bewohner stolz darauf sind, die größte Pfarrkirche der Insel zu beherbergen. Außerdem gibt es eine Moschee, drei Pizzerien, und das Stadion des Fußballclubs Hibernians FC fasst ebenso viele Menschen, wie in Paola leben: achttausend. In einem Wohnviertel mit schmalen Reihenhäusern und bunten Balkonen deutet zunächst nichts darauf hin, dass sich hier eine der bedeutendsten Sehenswürdigkeiten der Insel befindet. Die Hitze flirrt über dem Asphalt, nur ein tapferes Kätzchen döst auf der Fahrbahn. Doch irgendwo zwischen den Wohnungen mit Stockrosen und Basilikum im Vorgarten, vielmehr unter ihnen, verbirgt sich eine Tempelanlage – die weltweit einzige erhaltene Tempelanlage aus der Jungsteinzeit. HYPOGEUM lese ich auf einer sonnengelb verputzen Fassade.

Wer das Hypogäum (»hypo« steht für unter, »ge« für Erde) besichtigen möchte, muss rechtzeitig ein Ticket buchen, denn die wenigen verfügbaren Plätze sind manchmal über Wochen oder Monate hinweg ausgebucht. Ich erhalte an der Kasse einen Audioguide, und zusammen mit weiteren Touristen betrete ich hinter dem Foyer einen abgedunkelten Raum, in dem eine schmale

Stahlgittertreppe in den Bauch der Erde führt. Scheinwerfer beleuchten riesige Kalksteinquader an den Wänden, und mit jedem Meter, den wir hinabsteigen, wird es kühler. Der Geruch von Erde steigt mir in die Nase, und wäre da nicht die schummrige künstliche Beleuchtung, die kurz aufflackert und wieder erlischt, wären da nicht die anderen Besucher, es wäre stockdunkel und totenstill in diesem unterirdischen Labyrinth aus der Steinzeit. Ich erfahre: Die Anlage wurde Ende des 19. Jahrhunderts zufällig beim Bau eines Hauses entdeckt. Einige Jahre später legten Wissenschaftler die Höhlen frei, die die Menschen in der Steinzeit mit Tierhörnern über drei Stockwerke tief in den weichen Kalkstein gegraben haben. Vermutlich haben sie dort ihre Toten bestattet. Denn die Forscher fanden bei ihren Arbeiten die bleich glänzenden Skelette von ungefähr siebentausend Menschen. »Die Tempelanlagen auf Malta und Gozo gelten als die ältesten ihrer Art«, sagt die Stimme des Audioguides. »Sie sind sogar älter als die bekannteren Steinanlagen im französischen Carnac oder im englischen Stonehenge.« Mit diesen Informationen erreiche ich das mittlere von drei Geschossen. Die Scheinwerfer beleuchten einen Raum, der wie ein Ei geformt ist. Nischen öffnen sich darin zu blinden Fenstern. »In einer dieser Nischen schlief vermutlich eine liegende Frau mit breiten Hüften«, heißt es weiter. »Das ist die ›Sleeping Lady‹, Maltas berühmteste Skulptur.«

Die Skulptur einer schlafenden Frau, die fünf Jahrtausende lang in der Dunkelheit lag, lässt mich an Gemälde von schlafenden Frauen aus der Renaissance denken. Auch bei ihnen, etwa bei der »Schlummernden Venus« von Giorgione, die sich inmitten einer arkadischen Landschaft auf einem Bettlaken rekelt, rätseln Kunstgeschichtler, warum die Frauen schlafend gezeigt werden. Sind die Dargestellten Quellnymphen? Liebesgöttinnen? Symbolisieren sie den Tod? Sollen sie als Pin-ups die sie betrachtenden Männer nicht sehen? Oder stellt ihr Schlaf den Übergang ins Jenseits dar, zur Unterwelt, dem Reich der Toten?

Am nächsten Tag besuche ich Maltas schlafende Frau im Archäologischen Nationalmuseum in Valletta. Die Dame ruht auf einem Bettchen aus Stein, das an eine Badewanne erinnert, und nachdem sie fünf Jahrtausende lang in der Finsternis geschlummert hat, umhüllt sie nun das goldene Licht von Scheinwerfern. Mit zwölf Zentimetern ist sie nur in etwa halb so groß wie ein Fuß, trotzdem gilt sie als Star des Museums. Eine Reisegruppe aus Frankreich drängt zu ihr und bildet eine Traube um ihre Vitrine. Ein Japaner fotografiert das Fräulein neben seiner Freundin, und zwei Teenager schießen Selfies. Keine Frage: Das Steinzeit-Dornröschen ist eine Art Mona Lisa Maltas. Unzählige Kopien existieren von ihr – die »Sleeping Lady« wurde in Speckstein nachgefertigt, aus Plastik oder Ton, sie ist für fünf, zehn oder fünfzehn Euro zu haben, als Poster, Postkarte oder auf ein T-Shirt gedruckt.

»Ich bin mit ihrem Anblick groß geworden. Ich habe das Gefühl, ich kenne sie seit Ewigkeiten – obwohl ich nicht einmal mehr genau sagen kann, ob ich sie zuerst als Kopie oder im Original gesehen habe«, sagt die Prähistorikern Katya Stroud, eine zierliche Frau mit Pagenschnitt. Sie arbeitet als Wissenschaftlern am Hal-Saflieni-Hypogäum und erforscht das Leben in der Steinzeit. Das Dornröschen aus dem Neolithikum ist einzigartig, erklärt sie. Trotzdem sei sie nicht die Einzige ihrer Art. »Denn aus jener Zeit existieren unterschiedliche sogenannte ›Fat Ladies‹. Manche von ihnen kreuzen ihre Beine im Schneidersitz, andere liegen, andere stehen. Allen gemeinsam ist, dass sie sehr weiblich geformt sind – mit breiten Hüften, fülligem Bauch, dicken Oberschenkeln und opulenter Oberweite. Das wird allgemeinen als Zeichen von Fruchtbarkeit gedeutet.« Könnte die dralle Steinzeitfrau also so etwas wie eine Urmutter gewesen sein? Eine Botschafterin des Weiblichen? Katya Stroud zuckt mit den Schultern. »Wir wissen nicht, ob die Menschen damals in einem Matriarchat oder in einem Patriarchat gelebt haben. Wir wissen nicht, zu welchen Gottheiten sie beteten – ob sie überhaupt Göttinnen oder Götter kannten. Aber einer Theorie zufolge symbolisiert die ›Sleeping Lady‹ den Tempelschlaf.«

Das Wort Tempelschlaf klingt magisch und

mystisch – nach dem kühlen Marmor eines säulengestützten Pavillons, einer Frau in luftiger Tunika und Träumen voller Nebelschwaden, die sich langsam in einen sternenklaren Himmel verflüchtigen. Ich lese nach: Der Tempelschlaf wird auch Enkoimesis oder Inkubation genannt. Er ist seit der Antike überliefert, und in ihm fällt der Idee nach ein Orakelsuchender in einen tiefen Schlaf. In begleitenden Träumen hofft er Antworten auf Fragen zu finden, die ihn bewegen – beispielsweise auf die Frage, ob er nach einer Krankheit genesen wird. Da sich die Lösungen im Traum möglicherweise verschlüsselt darstellen, steht dem Träumenden eine deutende Priesterin zur Seite, die sogenannte Tempelschlafpriesterin. Ist das Steinzeit-Dornröschen ein solches Orakel? Horcht sie im Liegen und mit geschlossenen Augen auf Stimmen, die sie aus einer anderen Welt empfängt? In Zeiten, in denen das Bedürfnis nach Ruhe und einem Rückzug ins Private allgegenwärtig ist – ablesbar an einem großen Angebot an Meditationsretreats, Schweigeklöstern oder Achtsamkeitswochenenden – klingt die Idee des Tempelschlafs ungemein modern für mich. Könnte sie eine Brücke schlagen zwischen der Gegenwart und der Steinzeit? Einer Zeit, die so lange her ist, dass jegliche Vorstellung an sie schwerfällt. Damals, kurz nach der Eiszeit, erwärmte sich die Erde langsam, und die Menschen, die zuvor als Jäger durch die Steppe gestreift waren, errichteten kleine Siedlungen.

Sie pflanzten Dinkel und Einkorn und erlegten Rehe mit neuartigen Waffen. Die Architekten jener Zeit errichteten Bauwerke aus gewaltigen Steinen – ganz ohne Lastenkran, sodass sich bis in die Neuzeit das Gerücht hielt, Riesen hätten bei der Aufstellung geholfen, Zauberer, Hexen oder gar der Teufel. Und aus weichem Alabaster schnitzten sie schlafende dicke Frauen, die im Traum möglicherweise Botschaften aus einer anderen Welt empfingen.

Bei meiner Recherche stoße ich auf die moderne Tempelschlafpriesterin Erika Lange-Kretschmann, die auf einem Bauernhof in Norddeutschland lebt, den sie in eine Naturheilpraxis verwandelt hat. Dort bewahrt sie in einem abgedunkelten Zimmer eine Replik der »Sleeping Lady« auf. Erika Lange-Kretschmann ist eine etwa sechzigjährige Frau mit blondem Haar, das sich bis auf ihre Schultern lockt. Sie ist Mutter und Großmutter, Krankenschwester und Schamanin, Heilpraktikerin und Pferdeliebhaberin. Wie ist sie auf den Tempelschlaf gekommen? »Durch Zufall«, sagt sie. »Ich habe damals nach einem Buch über spirituelle Praktiken in verschiedenen Kulturen gesucht und bin in meiner Liste von Vorschlägen auf das Buch mit einer schlafenden Dame auf dem Cover gestoßen. Ich war so fasziniert, dass ich es bestellt und gelesen habe.« Die Autorin hat den Tempelschlaf für die Neuzeit als eine Art Trance konzipiert. Sie beschreibt darin, wie sie Menschen in den Zustand zwischen

Wachsein und Schlaf begleitet und ihnen dadurch Selbsterkenntnis oder Antwort auf konkrete Fragen offenbart. Erika Lange-Kretschmann war begeistert. Bereits in der Vergangenheit hat sie oft Neues ausprobiert. Sie ließ sich nach ihrer Ausbildung als Krankenschwester zur Heilpraktikerin fortbilden. Dann begann sie sich in Australien, Nordamerika und der sibirischen Tundra mit dem Schamanismus zu beschäftigten. Neugierig auf den Tempelschlaf, fuhr Erika Kretschmann nach Frankfurt und ließ sich von der Tempelschlafpriesterin und Buchautorin zwei Wochen lang täglich für zwei Stunden in Trance versetzen. Nichts, sagt sie, hat sie bislang so beeindruckt wie dieses Erlebnis. »In der Trance sah ich Bilder vor meinem inneren Auge. Ich stand in Kirchen, Tempeln, Synagogen. Irgendwann war mir klar: Es ist wirklich meine Berufung zu heilen.« Erika Lange-Kretschmann ließ sich ein Jahr lang selbst zur Tempelschlafpriesterin ausbilden und lernte, andere Menschen in das Land innerer Bilder zu begleiten. Dann flog sie nach Gozo. Auf der Insel schloss sie sich einem Einheimischen an, der sich selbst als Schamane bezeichnet und diejenigen, die sich spirituell weiterentwickeln möchten, an Orte führt, die die Menschen vermutlich bereits in der Jungsteinzeit verehrt haben. Es sind touristisch unerschlossene Gegenden, Orte, die in keinem Reiseführer stehen – anders als Maltas sechs bekannte Tempel aus der Jungsteinzeit, von denen das Hypogäum einer ist. Erika Lange-

Kretschmann begleitete den Schamanen an einen verlassenen Sandstrand, in eine Höhle und an Felsformationen. Sie saß mit ihm am Lagerfeuer und hörte zu, wenn er trommelte. Bei einem Streifzug durch ein Dorf entdeckte sie in einem Souvenirladen schließlich die kleine schlafende Frau, deren Abbild sie damals auf dem Cover des Buches so in den Bann gezogen hatte. Sie kaufte die Skulptur, und zurück in Deutschland stellte sie sie auf den Altar in ihrem Tempelschlafraum. Erika Lange-Kretschmann ist überzeugt: »Egal ob es das Original oder eine Kopie ist: Die ›Sleeping Lady‹ trägt aus meiner Sicht die Energie fast der gesamten Menschheitsgeschichte in sich.«

In ihrem Tempelschlafraum ist es nun Erika Lange-Kretschmann, die Menschen in die Trance begleitet. Die kleine dicke Dame ist immer dabei. Sie ruht auf dem Altar, einen Arm unter das Köpfchen gebettet, den anderen vor die Brust gelegt. So schläft sie in aller Stille.

Die Aktivistin Ruth Baldacchino

Ruth Baldacchino trägt die Haare kurz geschnitten, eine auffällig Hornbrille, ein Matrosenhemd und eine bequeme Stoffhose. Sie ist etwas pummelig, wirkt ruhig, keinesfalls schrill. Ihre Stimme ist tief und fest. Eine ausgesprochen sympathische Person – kaum vorstellbar, dass jemand sie nicht mögen oder sich an ihr stoßen könnte. Aber vermutlich ist ihr genau das im katholischen Malta häufig passiert. Denn Ruth Baldacchino ist eine Galionsfigur der maltesischen Regenbogen-Community. Und damit wichtig für eine manchmal auf der ganzen Welt diskriminierte Minderheit – für Transgender, Schwule und Lesben.

Ruth Baldacchino wuchs in Siġġiewi auf, einem Dorf in Maltas Süden, ungefähr zehn Kilometer von der Hauptstadt Valletta entfernt. In dem kleinen Ort leben achttausend Menschen, es gibt drei Restaurants, drei Bars, darunter eine Weinstube und zwei Banken. Noch vor einigen Jahrzehnten bewirtschafteten die Einwohner Siġġiewis hauptsächlich die das Dorf umgebenden Felder, sie bauten Kartoffeln, Zwiebeln und Oliven an. Es war vermutlich ihr Fleiß, der 1993 zu dem Wahlspruch der Stadt führte: »Labore et Virtute«, Arbeit und Tugend. Touristen, die es nach Siġġiewi verschlägt, kommen vor allem wegen des Sommerpalasts des Inquisitors zwei Kilometer außerhalb des Städtchens. Oder wegen eines ehemaligen Kalksteinsteinbruchs, in dem sich heute ein Museum befindet mit Gegenständen, die von der Geschichte des hellen Gesteins auf Malta erzählen. Auf Siġġiewis Hauptplatz erhebt sich stolz und mächtig die barocke Pfarrkirche. Sonntags platzt sie aus allen Nähten.

Wie schwer ist es, in einem solchen Umfeld anders zu sein als die Mehrheit?

Leicht war es nicht, sagt Ruth Baldacchino. Wenn du in der Provinz in Deutschland oder England lebst und dich als schwul oder lesbisch outest, ziehst du wahrscheinlich irgendwann nach Berlin, Hamburg oder London. Dort triffst du Gleichgesinnte oder tauchst in der Anonymität der Großstadt unter. Aber auf einer kleinen Insel wie Malta geht das nicht. Jeder kennt hier jeden.

Wie hast du Gleichgesinnte gefunden?

Durch eine Kommilitonin an der Universität Malta. Wir studierten damals beide Soziologie, kamen ins Gespräch, und sie erzählte mir irgendwann von Partys und Kneipen, wo sich die schwul-lesbische Community trifft, zum Beispiel in einer Seemannskneipe in der Nähe des Hafens bei Floriana. Dort fuhren wir zusammen hin. Außerdem bin ich mit dem Internet aufgewachsen. Das Internet war meine Rettung, weil es die Möglichkeit bietet, mit Menschen außerhalb des eigenen Bekanntenkreises in Kontakt zu treten.

In rot glänzenden Mahagoni-Schrankwänden stapeln sich in Ruth Baldacchinos Wohnzimmer Bücher über Queer- und Gender-Literatur. Queer steht für eine Anfang der neunziger Jahre in den USA entwickelte Kulturtheorie, die den Zusammenhang von biologischen und sozialen Geschlechterrollen sowie dem sexuellen Begehren untersucht, also von sex, gender und desire. Auf dem Schreibtisch steht ein aufgeklappter Laptop.

Arbeitest du von zu Hause aus?

Ja, überwiegend. Ich unterrichtete als Gastdozentin Studentinnen und Studenten an der Uni in Queer Studies. Mein Geld verdiene ich aber hauptsächlich mit der Astraea Lesbian Foundation for Justice. Das ist eine US-amerikanische Organisation, die sich für die Rechte von Lesben und Transgender einsetzt oder von anderen Menschen, die aufgrund ihrer sexuellen Orientierung diskriminiert werden. Außerdem arbeite ich seit über zwölf Jahren für ILGA, also die Vereinigung für Lesben, Schwule, Bisexuelle sowie für Menschen, die ihr Geschlecht wechseln oder die sich keinem Geschlecht eindeutig zugehörig fühlen. Diese Arbeit ist ehrenamtlich, nimmt aber fast so viel Zeit ein wie ein Vollzeitjob.

Als ich versucht hatte, Ruth Baldacchino über die Organisation ILGA zu erreichen, deren Vorsitzende sie ist (ILGA steht für International Lesbian, Gay, Bisexual, Trans and Intersex Association), fragte mich die Pressesprecherin, ob sie meine Nachricht direkt an Ruth weiterleiten könne. »So that they can get directly in touch with you about the interview.«

Die Pressesprecherin bezeichnete Ruth Baldachino als »they«. War das ein Schreibfehler? Nein, sagt Ruth Baldacchino, als ich sie darauf anspreche. Ich bin nicht Frau, ich bin nicht Mann. Ich bin beides. Ich bin queer. Und das drücke ich sprachlich durch das »they« aus, durch die dritte Person Plural. Und natürlich freue ich mich, wenn mein Umfeld darauf eingeht. Du zum Beispiel!

Wer im Internet nach Ruth Baldacchino googelt, findet Bilder, auf denen they auf Gruppenfotos von Konferenzen in aller Welt in die Kamera strahlt, in Den Haag, Bangkok oder London. Sich international für die Rechte von Minderheiten einzusetzen, ist Ruth Baldacchino wichtig.

Wie viele Studierende unterrichtet they?

Ungefähr vierzig, fünfzig – das ist eine Menge für ein Nischenfach. Vor zehn Jahren wären Vorlesungen in Queer Studies auf Malta noch undenkbar gewesen. Damals gab es einfach kein öffentliches Interesse. Homosexualität fand eher im Verborgenen statt.

Hat they Diskriminierung erlebt?

Nicht wirklich. Jenseits von meiner nicht-binären Geschlechtsidentität bin ich sehr privilegiert. Ich bin auf Malta geboren. Meine Haut ist weiß. Und ich lebe in Europa. Dadurch genieße ich unglaublich viele Privilegien – überall auf der Welt.

Malta gilt in vielerlei Hinsicht als konservatives Land. Abtreibung beispielsweise ist gesetzlich verboten. Der Inselstaat ist damit das einzige Mitgliedsland der Europäischen Union, in dem ein Schwangerschaftsabbruch grundsätzlich illegal ist. Außerdem ist Malta nicht zuletzt Einwanderern gegenüber skeptisch. Im Hinblick auf die Situation der Schwulen und Lesben als einer weiteren Minderheit ist Malta jedoch vergleichsweise fortschrittlich: 2014 verlieh das Parlament schwulen und lesbischen Paaren die gleichen Rechte und Pflichten wie Eheleuten, das Adoptionsrecht eingeschlossen. Damit ist Malta das zwanzigste von siebenundvierzig europäischen Ländern, das Homo-Paare rechtlich anerkennt, und das zehnte, das ihnen eine gemeinschaftliche Adoption von Kindern ermöglicht.

Ruth Baldacchino erzählt:

Seit 2001 gibt es eine Bewegung für die Rechte der Homosexuellen, an der ich mich stark beteiligt habe. Über unsere Aktivitäten wurde im Fernsehen berichtet. Schwule und Lesben sind dadurch verstärkt ins öffentliche Bewusstsein gerückt. 2011 ist dann schließlich etwas passiert, das den Einfluss der Kirche deutlich gebrochen hat: Denn die Mehrheit der Malteser hat in einem Referendum dafür gestimmt, dass sich unglückliche Eheleute künftig scheiden lassen dürfen. Vorher war das verboten. Das war ein echter Befreiungsschlag.

2013 gewann die sozialdemokratische Partei Maltas die Wahl und löste die konservative Regierung ab, die fünfundzwanzig Jahre lang an der Macht gewesen war. Die Labour Party machte sich für die Rechte der LGBT stark und verabschiedete im Laufe ihrer Amtszeit ein transgenderfreundliches Gesetz. Mit ihm können Transsexuelle ihren Vornamen relativ leicht bei Behörden ändern lassen. 2016 gab es eine weitere wichtige Änderung: Malta verbot Therapien, mit denen Schwule »geheilt« werden sollen. Solche sogenannten Konversionstherapien und Bekehrungspraktiken, mit denen zuvor versucht werden konnte, Homosexualität durch eine Umprogrammierung aus der Welt zu schaffen, sind nun nicht mehr erlaubt. Zum Glück.

Genau, bestätigt Ruth Baldacchino. Für den Versuch einer »Heilung« kann der Verantwortliche künftig mit einer Geldstrafe belangt werden oder sogar ins Gefängnis wandern. Malta ist das erste Land in der Welt, das dergleichen verbietet.

Seit 2010 findet jedes Jahr in Valletta eine Regenbogenparade der schwul-lesbischen Community statt. Das Schachbrettmuster der Altstadtstraßen verwandelt sich dann in eine Partymeile. Ballons und Banner mit dem Schriftzug »Pride Malta« wehen in der Luft, Traktoren ziehen schrill geschmückte Anhänger, auf denen Menschen zur Musik tanzen, und Fernsehkameras übertragen die Bilder in die heimischen Wohnzimmer. Hin und wieder finden LGBT-Partys am Strand statt, oder Kinobetreiber organisieren eine entsprechende Filmwoche.

Wie groß ist die LGBT-Szene auf Malta?

Eher übersichtlich. Viele LGBT fahren zum Feiern übers Wochenende nach Berlin, London oder Amsterdam. Von da bringen sie neue Impulse mit. Diesen Austausch finde ich sehr gut. Durch meine Arbeit bin ich ebenfalls sehr oft im Ausland, ungefähr dreimal im Monat.

They hat in Dublin studiert, wo es eine vielfältigere LGBT-Szene als auf Malta gibt, und fünf Jahre dort gelebt. Trotzdem ist they zurückgekehrt und lebt nun in dem Dorf, in dem they aufgewachsen ist. Warum?

Ruth Baldacchino kichert mit ihrer tiefen Stimme und zuckt die Schultern.

Weil ich Malta doch eben sehr mag. Ich hatte Heimweh nach der Insel – obwohl Irland ja auch eine Insel ist. Und ich wollte gerne wieder in der Nähe meiner Familie leben, meiner Geschwister, meiner Neffen und Nichten. Außerdem gab es damals die Rezession in Irland. Es war ein guter Zeitpunkt für die Rückkehr.

Wie haben die Eltern reagiert, als sie gemerkt haben, dass they anders ist?

Ich habe schwule Verwandte aufseiten meiner Mutter, und dadurch hatte meine Mum vielleicht etwas mehr Verständnis. Mein Vater machte meine Mutter für alles verantwortlich. Er hat sich schwer mit der Situation getan. Ruth Baldacchino lacht entschuldigend, als wollte sie ihren Vater in Schutz nehmen. Dann fährt sie fort: Ich glaube, er hat sich für mich gefreut, dass ich studiert habe und im Ausland war. Meine Eltern sind beide keine Akademiker. Dadurch sind sie stolz auf mich. Ich wiederum bin stolz, wenn ich sehe, wie mein Bruder und meine Schwester mit ihren Kindern umgehen. Sie sprechen mit ihnen nicht nur über klassische Mann-Frau-Beziehungen, sondern auch über die Liebe zwischen Männern und Männern und Frauen und Frauen. Dabei war das für meinen Bruder anfangs wirklich eine absolut fremde Welt. Wenn ich den veränderten Umgang meiner Geschwister mit ihren Kindern erlebe, wird mir bewusst, dass ich etwas bewirkt habe. Für mich. Für meine Familie. Für die nächste Generation und damit die Zukunft. Das finde ich wirklich großartig.

Bethlehem auf Gozo

Għajnsielem ist ein Städtchen auf Maltas Schwesterinsel Gozo, das nur ein paar Minuten zu Fuß vom Hafen entfernt liegt. Stolz ragt die verschnörkelte Pfarrkirche Our Lady of Lourdes mit Turm und Kuppel in einen vergissmeinnichtblauen Himmel, und obwohl keine Messe stattfindet, haben sich auf dem Platz vor dem Gotteshaus zahlreiche Menschen versammelt. Unter ihnen sind Hirten mit Wanderstäben, behelmte Soldaten in roten Schärpen, und eine Frau in einem blau-weißen Gewand hat eine Kapuze tief in die Stirn gezogen. Die Kostümierten gehören zu der Theatertruppe Għaqda Drammatika Għajnsielem, kurz vor Ostern inszenieren die Laienschauspieler die Passionsgeschichte.

Malta gilt als das katholischste Land der Europäischen Union. Mit ungefähr neunzig Prozent bekennt sich die große Mehrzahl der dort lebenden Einwohner zum römisch-katholischen Glauben. Christliche Feiertage werden in jeder Stadt und jedem Dorf prunkvoll gefeiert. Vor Beginn der Karwoche tragen die Gläubigen lebensgroße Heiligenfiguren durch ihre Dörfer und stellen kostümiert als Römer oder Jünger Szenen aus der Bibel nach. Die Aufführung in Għajnsielem aber übertrumpft alles. Denn der kleine Ort verfügt über ein eigenes Krippendorf – ein biblisches Freilufttheater, das sich unterhalb der Pfarrkirche auf einer Fläche von ungefähr drei Fußballfeldern erstreckt. Es gilt als einzigartig, auf Gozo, auf Malta und vielleicht auch auf der ganzen Welt.

Josienne Scicluna ist eine der Darstellerinnen aus der Theatergruppe. Die junge Frau mit schwarz glänzendem Haar ist sportlich in Jeans und Turnschuhen gekleidet, sie trägt eine weiße Tunika über dem Arm. Darin wird sie Claudia spielen, Pontius Pilatus' Frau, das Kostüm benötigt sie jedoch erst in einer Szene kurz vor der Kreuzigung. Zusammen mit der Regisseurin JoAnne Debrincat geht sie raschen Schrittes auf das Krippendorf zu. »Diese Fläche lag bis ins Jahr 2000 vollständig brach«, sagt Josienne und deutet auf eine Landschaft, deren Anblick den Betrachter in eine Zeit versetzt, in der Caesar Augustus in Rom über das Römische Reich herrschte und in Bethlehem ein Kind in einem Stall geboren wurde. Schmale Steinwege mäandern durch sattgrüne Wiesen. Eine Holzbrücke führt über ein Bächlein, und auf niedrigen Steinmauern zupfen Hühner am Gras – eine arkadische Landschaft wie von alten Meistern gemalt. Aus einem weiß getünchten Gebäude mit Flachdach glotzt eine lang bewimperte Kuh. Das ist der Stall, in dem zu Weihnachten Jesu Geburt nachgestellt wird. JoAnne Debrincat, kurze haselnussbraune Haare, herzhaftes Lachen, hat vor mehr als dreißig Jahren begonnen, Geschichten aus der Heiligen Schrift zu inszenieren. Die Frau, die im Kirchenchor singt und beim Kirchenradio von Għajnsielem mitwirkt, rief in ihrem Heimatdorf 1986 eine Jugendbewegung ins Leben und inszenierte mit den Kindern und Jugendlichen die Passion während der Karwoche. Für die Drehbücher kürzt sie Texte aus der Bibel und spitzt sie zu. »Ein Jahr nachdem ich angefangen hatte, kam ich auf die Idee, den Leidensweg nicht nur in der Pfarrkirche, sondern auch im Freien aufzuführen«, erzählt die Mutter zweier Töchter. »Die Weihnachtsgeschichte haben wir ebenfalls nach draußen verlegt. 2000 entstand dann der Gedanke, ein Krippendorf aufzubauen. Anfangs gab es nur einen Stall als Kulisse. Aber das Schauspiel kam so gut an, dass wir die ›lebende Krippe‹ immer weiter ausgestaltet haben. Inzwischen gibt es eine Bäckerei, eine Taverne, einen Marktplatz und eine Mühle.«

Zahlreiche Besucher haben sich an diesem flirrenden Frühlingsnachmittag im Krippendorf eingefunden. Sie wollen die biblische Geschichte hautnah, ohne räumliche Trennung zwischen Zuschauern und Schauspielern und mit der Natur als Bühnenbild miterleben. Da sind Mütter und Väter, deren Kinder mit gescheitelten Haaren und mit Rosen geschmückten Bändern herausgeputzt sind. Die Kleinen spielen Fangen und verstecken sich hinter Kamillenbüschen. Ein älterer Herr in Bundfaltenhose stützt sich auf seinen Gehstock, eine Dame mit Perlenkette schießt ein Selfie. Dann kommt Bewegung in die Menge. Denn auf einem Steinweg erscheint ein Mann auf einem Esel. Wenn Jesus durch die Menschen reitet, teilt er sie wie Moses das Wasser. Vor dem Stall steigt der Schauspieler ab, und begleitet von den Zuschauern betritt er das Gebäude. Dort sitzen die Jünger bereits auf dem Lehmboden, sie haben sich zum letzten Abendmahl versammelt. Jesus nimmt zwischen ihnen Platz, und minutenlang machen die Männer nichts anderes, als einander Wasser und Brot zu reichen. Wäre dies ein Fernsehprogramm – die meisten hätten wohl längst umgeschaltet. Doch in dem Stall drängen sich die Zuschauer dicht an dicht um die Szene, die die abendliche Mahlzeit darstellt, die Jesus zusammen mit seinen Jüngern einnahm, bevor er von Judas Iskariot verraten wurde. Die Atmosphäre ist still und konzentriert, fast meditativ. Selbst die Kinder schweigen.

Die tiefe Verwurzlung des Katholizismus auf Malta und Gozo geht auf den Apostel Paulus zurück. Er soll an einem stürmischen Regentag im Winter des Jahres 60 nach Christus an den Strand gespült worden sein, er war Gefangener auf einem Schiff des Römischen Reiches und unterwegs nach Rom. Die Bucht, in der er angeblich landete, liegt im Nordwesten Maltas und heißt nach ihm San Pawl il-Baħar, ein Marmorstandbild des Apostels überragt den Strand mit dem goldgelben Sand. Historiker streiten jedoch darüber, ob es Paulus tatsächlich auf den 35. Breitengrad verschlagen hat. Vielmehr ist die Mehrzahl der Wissenschaftler inzwischen der Meinung, dass er auf der westgriechischen Insel Kefalonia strandete. Doch mittlerweile gibt es laut unzähligen Werbebroschüren und Reiseführern mehr als dreihundertfünfundsechzig Kirchen auf Malta – genug, um jeden Tag eine andere Kirche zu besuchen. In den Gotteshäusern beten die Malteser zu »Allah«. So heißt ihr christlicher Gott, denn die maltesische Sprache wurzelt im Arabischen.

Im Garten Gethsemane verwandeln sich Jesus und die Jünger in ein lebendiges Stillleben. Sie stehen in Grüppchen beieinander oder dösen im Gras, Wildblumen duften, und die langsam untergehende Sonne legt Gold auf die Häupter der Männer, auf Palmen und Mäuerchen. Sie sprechen nicht, doch die Stimme eines Erzählers wird über Lautsprecher in den Garten übertragen. Nach Szenen vom Judaskuss und der Gefangennahme Jesu marschieren Schauspieler und Zuschauer zu dem einige Minuten vom Krippendorf entfernten Fort Chambray, einer von den Rittern im 18. Jahrhundert erbauten Festung, die während der Besetzung Gozos durch französische Truppen als militärische Basis genutzt wurde. Josienne hat sich die Tunika übergestreift, die Lippen rot geschminkt und steht neben dem römischen Statthalter Pontius Pilatus vor der Festung. Mit ausgestrecktem Arm deutet sie auf Jesus mit der Dornenkrone. Laut der

Bibel spricht sie die Worte: »Lass die Hände von diesem Mann, er ist unschuldig. Ich hatte seinetwegen heute Nacht einen schrecklichen Traum.« Doch die Hohepriester und die Römer protestieren. Schließlich wird Jesus ausgepeitscht. Die Gewaltdarstellung wirkt so echt, dass sich einige Zuschauer abwenden oder die Hände vor die Augen ihrer Kinder halten. Doch auch hier ist das Publikum konzentriert. Niemand unterhält sich, niemand ist abgelenkt. Scharlachrot senkt sich die Sonne über die Landschaft, als die Menschenmenge die Festung verlässt und einem Grashügel zustrebt. Dort wird Jesus an das Kreuz gehoben. In aller Stille endet die Aufführung für diesen Tag. Am kommenden folgt die Fortsetzung mit der Auferstehung.

Die Zuschauer strömen in ein Dorfrestaurant, die Schauspieler ziehen sich in einen Lagerraum der Pfarrkirche zurück, der nun als Garderobe dient. Josienne strahlt über das ganze Gesicht, sie ist zufrieden mit ihrem Auftritt und der Inszenierung. Sie hat eine Weile in Australien gelebt, doch die Sehnsucht nach der Heimat trieb sie schließlich zurück nach Gozo. Theater spielt sie bereits seit vielen Jahren, und da sie der Kirche eng verbunden ist, sind die Passionsspiele für sie eine gute Gelegenheit, ihren Glauben mit einem Hobby zu verbinden. »Es war ganz wunderbar«, sagt sie und fügt hinzu: »Es schweißt zusammen, etwas gemeinsam aufzuführen. Für mich ist es erfüllend, Teil einer Gemeinschaft zu sein und dadurch etwas für unser Dorfleben zu machen.« Die Regisseurin JoAnne Debrincat nickt. »Es waren ungefähr zweihundert Menschen da, und hundertfünfzig haben mitgewirkt. Das ist gut«, sagt sie. »Trotzdem wird es zunehmend schwerer, Nachwuchsschauspieler zu finden.«

Die katholische Kirche auf Malta ist in ihren Moralvorstellungen sehr strikt. So ist beispielsweise Abtreibung auf dem Inselarchipel verboten. Vielleicht sind es Tabus wie dieses, die insbesondere junge Menschen davon abhalten, sich in der Kirche zu engagieren. Dass der Einfluss der Kirche schwindet, zeigte 2011 ein Referendum für eine Gesetzesänderung. In ihm stimmte mehr als die Hälfte der Malteser für eine Legalisierung der Scheidung. Zuvor war es unglücklich verheirateten Paaren nicht erlaubt, sich offiziell zu trennen, damit war Malta neben den Philippinen und dem Vatikanstaat das einzige Land auf der Welt, in dem Scheidungen verboten waren. Erst 2011 ermöglicht der Inselstaat auf Wunsch der Bevölkerung die gesetzliche Trennung. 2017 setzte das Parlament außerdem die Ehe für alle um – gegen den Widerstand der katholischen Kirche. Die maltesischen Bischöfe reagierten zwar entsetzt, aber Homosexuelle dürfen nun auf Malta heiraten. Damit ist Malta nach Deutschland das fünfzehnte EU-Land, das die Ehe für gleichgeschlechtliche Paare öffnet.

Der Einfluss der katholischen Kirche auf Malta mag in manchen Bereichen des Lebens abnehmen, ungebrochen ist die Beliebtheit der *festas*. *Festas* sind mehrtägige Veranstaltungen, die die Dörfer und Städte zu Ehren ihrer Schutzheiligen ausrichten. Sie sind eine Mischung aus Andacht und Vergnügen, Kirchenfest und Kirmes, und da es mehr als sechzig *festas* auf der Insel gibt, vergeht kein Monat, in dem nicht irgendwo eine solches Event stattfindet – in Valletta im April, in Victoria auf Gozo im August. Die Einwohner schmücken die Gotteshäuser mit Wimpeln, Fahnen und blinkenden Lichterketten. Altäre verschwinden unter Blüten, das Silber der Kelche glitzert frisch poliert, und auf den Straßen tragen Frauen und Männer ihre beste Kleidung. Überall sind Stände aufgebaut, an denen es nach Crêpes duftet, nach Bratwürstchen, und *qubbajt*, eine Nougatpaste liegt zum Probieren bereit. Zum Abschluss einer *festa* marschieren Orchester durch die Straßen der Dörfer, und ein Feuerwerk erstrahlt am Himmel.

In Għajnsielem neigt sich der Abend in aller Stille zu Ende. JoAnne Debrincat und Josienne Scicluna umarmen sich zum Abschied, dann gehen sie zu ihren Familien. Sie freuen sich auf die Inszenierung der Auferstehung und das nahende Osterfest – mit selbst gebackenen *figolla*, dem maltesischen Ostergebäck in Hasenform. Das Christuskreuz auf dem Hügel verschwindet in der pechschwarzen Nacht. Erst am nächsten Morgen ist es wieder zu sehen.

Kein Ort der Zuflucht

Malta steht für Sonne, Strand und Spaß, und auch ich möchte es mir gut gehen lassen auf der kleinen Insel im Mittelmeer. Doch 2015 ging das Foto eines dreijährigen Jungen um die Welt, der ertrunken am Strand im türkischen Bodrum lag, der kleine Körper klitschnass, das rote T-Shirt am Rücken hochgerutscht. Spätestens seitdem ist es schwierig mit der Erholung an Orten, an denen Menschen nur wenige Meter entfernt in wackeligen Booten ums Überleben gekämpft haben.

An den Flüchtlingsunglücken im Mittelmeer liegt kein EU-Staat näher als Malta. Die Insel befindet sich genau auf der zentralen Mittelmeerroute von Nordafrika nach Italien, ungefähr dreihundertvierzig Kilometer von Libyen entfernt. Diese Migrationsroute gilt als die gefährlichste der Welt, insgesamt ertranken hier seit 2002 fünfzehntausend Menschen im Meer. An Maltas rettende Küste schafften es etwa zwanzigtausend Frauen und Männer, von denen ein Drittel dauerhaft auf der Insel blieb. Inzwischen jedoch treffen keine Bootsflüchtlinge aus Nordafrika mehr auf Malta ein. Das liegt nicht daran, dass weniger Menschen auf der Flucht wären. Immer noch verlassen Hunderte Afrikaner über das Transitland Libyen ihre Heimat, sie möchten Bürgerkrieg,

Armut, Korruption und Hunger entkommen. Doch die meisten gelangen nun nach Italien. Die Flüchtlinge, die nach Malta kommen, sitzen in einem Flugzeug oder reisen mit einer Fähre aus Italien an.

Als ich durch die Touristenhochburgen Valletta oder Mdina schlendere, begegne ich niemandem, von dem ich annehme, er sei ein Geflüchteter. Genauso wenig an den Sandstränden Maltas, mit denen die Reisebüros weltweit für die Insel werben. Tatsächlich leben die Geflüchteten außerhalb der Städte in Flüchtlingsunterkünften, wie sie in Ħal-Far zu finden sind, einem Gewerbegebiet in der Nähe des Hafens. Dort haben die maltesischen Behörden an einer Schnellstraße Flüchtlingslager hinter Mauern und Stacheldraht errichtet. Außerdem wurden ein ehemaliges Gefängnis und ein Flugzeughangar in Notunterkünfte umgewandelt. Ich fahre mit dem Auto durch diese Gegend. Ein Restaurant, ein Café oder einen Supermarkt suche ich vergeblich. Ich entdecke nichts, was einen normalen Alltag vorstellbar macht.

Es wirkt nicht so, als wären die Geflüchteten auf Malta besonders willkommen. Für eine Einschätzung treffe ich Mark Cachia vom Flüchtlingsdienst der Jesuiten. Der Flüchtlingsdienst der Jesuiten, der sich weltweit für die Rechte Asylsuchender einsetzt. Mark Cachia ist Pater und zuständig für die Öffentlichkeitsarbeit. »Kommen Sie nach Birkirkara zum St. Aloysius

Sport Complex«, fordert er mich auf. Die Gemeinde Birkirkara befindet sich im Landesinneren. Dort erhebt sich im Knick einer gewöhnlichen Wohnstraße ein moderner Sportkomplex mit Turnhalle, Tennisplätzen, einer Leichtathletikstrecke und Fußballplatz. In dem Hauptgebäude sind unter anderem die Büros des Flüchtlingsdienstes untergebracht. Eine Schlange Menschen aus vermutlich Somalia, Libyen, Eritrea und Äthiopien wartet vor Cachias Büro.

»Mit wem wollen die Menschen sprechen?«, möchte ich wissen, als mich der Pater abholt und in sein Büro bringt. »Mit einem Anwalt des Ordens«, antwortet er. »Sie wollen wissen, wie es für sie weitergeht. Ob sie in Sicherheit sind. Ob sie arbeiten können.« Cachia nimmt an seinem Schreibtisch Platz, auf dem sich Zettel und Aktenorder stapeln. An der weiß getünchten Wand hängt ein Bild der Muttergottes, und am Computer vorbei geht der Blick aus dem Fenster auf ein sattgrünes Fußballfeld.

Der Name Malta stammt aus dem Phönizischen und bedeutet Zufluchtsort. Als die Phönizier die Insel, vom heutigen Libanon und Syrien aus kommend, ab 800 vor Christus erreichten, nutzten sie sie als Ausgangspunkt für ihren Handel mit Olivenöl, Keramik und gewebten Stoffe. Sie gaben Malta den Namen »Malat«, was sicherer Hafen bedeutet.

Ist Malta heute ein sicherer Hafen für Flüchtlinge? Der Pater ist ein Mann mit kurz geschnittenen schwarzen Haaren, runder Brille und einem zurückhaltenden Lächeln. Er spricht mit leiser, freundlicher Stimme, und jetzt scheint er mit sich zu ringen. Cachia möchte sicherlich nichts Schlechtes über seine Landsleute sagen. Etwas Gutes fällt ihm aber vermutlich nicht ein. »Die Malteser sind Flüchtlingen gegenüber eher skeptisch«, formuliert er schließlich vorsichtig. »Eine Willkommenskultur gibt es eher nicht«, sagt er.

Wenn die Malteser könnten, hätten sie ihre Insel in der Vergangenheit vermutlich ein Stück zur Seite geschoben, um den Flüchtlingen aus Afrika zu entgehen. Denn als Fremden gegenüber aufgeschlossen gelten die Insulaner nicht. Vermutlich waren sie dafür in ihrer Geschichte zu oft fremdbestimmt. Erst 1964 konnte Malta seine Unabhängigkeit erklären. Davor war der kleine Inselstaat eine Kolonie: zunächst Siziliens, dann Frankreichs und ab 1800 Großbritanniens. Die Kreuzritter hinterließen riesige Burgen, die Briten rote Telefonzellen, und die Araber prägten die Sprache. Der Wunsch, eigenständig zu sein, mag eine Ursache der allgegenwärtigen Skepsis gegenüber Fremden sein.

Flüchtlinge, die ohne gültiges Visum maltesischen Boden betreten haben, kamen bis Ende 2015 zunächst in Haftanstalten, in sogenannte Closed Detention Centres. Unter den Asylsuchenden waren schwangere Frauen oder unbegleitete minderjährige Flüchtlinge. Malta verstieß damit gegen die UN-Kinderrechtskonvention, die unter anderem besagt, dass Kinder nicht migrationsbedingt ins Gefängnis gehören. In den Haftanstalten blieben die Menschen so lange, bis ihnen ein Schutzstatus zugesprochen wurde oder die maximale Haftdauer von achtzehn Monaten überschritten war. Beobachter von Menschenrechtsorganisationen beschrieben die Zustände in den Gefängnissen als oftmals unerträglich. In vielen Einrichtungen gab es zu wenige Betten, zu wenige Duschen und kaputte Toiletten.

2015 schaffte die maltesische Regierung die Closed Detention Centres ab und etablierte stattdessen Erstaufnahmezentren. In ihnen werden die Asylsuchenden und Migranten medizinisch untersucht, sie bleiben in aller Regel nicht länger als zwei Wochen. Anschließend kommen sie in Open Centres, in Flüchtlingsheime wie sie im Industriegebiet Ħal-Far zu finden sind oder in Marsa, einer kleinen Hafenstadt, die sich nahtlos an die Hauptstadt Valletta anschließt. Diese Open Centres werden überwiegend von staatlichen Behörden geleitet, einige sind in der Hand kirchlicher Träger.

Bei der Frage, wie die Migrantinnen und Migranten auf der Insel leben und wie die Malteser mit ihnen umgehen, kann mir Dominik Kalweit weiterhelfen. Der Mann mit den strahlend blauen Augen und dem sympathischen Lachen lebt seit fast fünfzehn Jahren auf Malta und arbeitet für die zu Terre des Hommes gehörende Organisation KOPIN. Mit ihr unterstützt er geflüchtete Menschen durch Sprachkurse, Informationsveranstaltungen zu Themen wie Wohnen und Arbeitsplatzsuche und Hausaufgabenbetreuung für Kinder. Die Kurse finden überwiegend in den Open Centres statt, zum Beispiel in Ħal-Far oder Marsa. »Im Englischunterricht versuchen wir ganz gezielt auf die Situation der Neuankömmlinge einzugehen«, sagt Dominik Kalweit. »Viele Frauen arbeiten beispielsweise als Reinigungskraft im Hotel, hier vermitteln wir das entsprechende Vokabular. Manchmal gelingt es auch, in der Freizeit für Abwechslung zu sorgen. Dann organisieren Freiwillige und Mitarbeiter Bastelkurse für Flüchtlingskinder, Sportaktivitäten in den Zentren oder begleiten eine Gruppe auf einen Ausflug nach Gozo. Aber in aller Regel sieht der Alltag der Geflüchteten so aus, dass sie ungefähr zehn Stunden pro Tag arbeiten – zu einem Lohn, der kaum das tägliche Leben sichert. Der gesetzliche Mindestlohn liegt auf Malta bei derzeit vier Euro dreißig und wird auf dem Schwarzmarkt sicher deutlich unterboten. Um den Geflüchteten weitere Wege nach einer Arbeitsschicht zu ersparen, besuchen wir sie in den Open Centres.«

Im Hafenstädtchen Marsa haben sich mehrere Somali und Sudanesen Wohnungen angemietet. Wegen der hohen Mietpreise teilen sie sich die Unterkünfte, manche Zimmer platzen aus allen Nähten. Anschluss an die Nachbarschaft finden die Afrikaner oft nicht. »Hier haben sich Parallelgesellschaften entwickelt. Ghettos«, sagt Kalweit. »Schuld daran ist nicht zuletzt die fehlende Integration. Seit 2002 kommen Flüchtlinge nach Malta, aber die Regierung hat strukturell nichts dafür getan, um die Neuankömmlinge in die Gesellschaft aufzunehmen. Auch wenn sie von deren günstiger Arbeitskraft profitiert.« Unter den Auswirkungen leiden alle. Viele alteingesessene Malteser in Marsa befürchten, dass der Wert ihrer eigenen Häuser durch die überfüllten Flüchtlingswohnungen in der Nachbarschaft sinkt. Grundregeln des Zusammenlebens sind nicht geklärt. »Wann wird der Müll vor die Tür gestellt, damit er nicht von streunenden Katzen geplündert und die Straße durch ihn verdreckt werden? Einfache Absprachen würden helfen, doch diese finden nicht statt. Das macht es schwer für alle Beteiligten«, sagt Kalweit. Hinzu kommt, dass viele Malteser kaum etwas über die Situation der Geflüchteten wissen. Kalweit und sein Team trainieren Lehrer an öffentlichen Schulen, die ausländische Kinder und Jugendliche in ihren Klassen unterrichten. Sie erleben immer wieder, dass auch Angehörige höherer Bildungsschichten überfragt sind, wenn es darum geht, warum die Menschen ihre Heimat verlassen haben. Sie wissen nicht, dass sie Bürgerkriege, Gewalt und Armut vertrieben haben. Der Rechtsruck, der sich derzeit quer durch Europa zieht, macht auch vor Malta nicht halt. Die politische Rechte, die sich auf dem Inselstaat in den vergangenen

Jahren etablieren konnte, nutzt diese Unwissenheit der Bevölkerung für ihre Propagandazwecke. »Deshalb wollen wir in unseren Schulungen aufklären und den Mangel an Information ausgleichen. Das ist wichtig, denn nur wer weiß, aus welchen Gründen die Menschen auf Malta strandeten, kann mitfühlend und tolerant sein.«

Auch Pater Cachia vom Flüchtlingsdienst der Jesuiten ist für die Flüchtlinge da, der Orden bietet das, was der Staat nicht leistet, nämlich psychologische und soziale Betreuung der zumeist stark traumatisierten Menschen. »Wir haben Anwälte für die Asylsuchenden, Sozialarbeiter, Psychologen, eine Krankenschwester, und ich als Priester halte Messen für die Geflüchteten. Genauso mache ich Besuche im Krankenhaus. Ich versuche einfach da zu sein, wenn jemand Beistand braucht. Ich höre zu«, sagt Cachia. Denn die Flüchtlinge sind nicht auf der Suche nach einem besseren Leben. Sie sind auf der Suche nach einem Ort, an dem sie überhaupt leben können.

Im Reich des Meerbarbenkönigs

Auf dem westlichsten Zipfel der maltesischen Insel Gozo fegt der Wind in die Dwejra-Bucht, eine felsige, ockerfarbene Landschaft, die mit Furchen und Kratern an einen weit entfernten Planeten erinnert. Manchmal spritzt Salzwasser auf den steinigen Boden und hinterlässt eine Kruste aus glitzernden Kristallen. Und nicht weit von der Brandung entfernt öffnet sich ein tiefblauer See in der Felsenküste. An dessen Rand sitzt ein Mann in einem schwarzen Neoprenanzug. Er heißt Gerald Nowak, ist Unterwasserfotograf und wird gleich mit seiner Kamera auf den Grund des Sees tauchen.

Gerald Nowak wohnt zusammen mit seiner Frau, einer Reisejournalistin, in Bayern und fliegt regelmäßig nach Gozo. Er liebt die kleine Insel, die mit siebenundsechzig Quadratmetern nur so groß ist wie die Stadt Passau – und ähnlich verschlafen. Auf Gozo existieren keine Bettenburgen, keine lärmenden Bars, keine überfüllten Restaurants. Stattdessen leben die Menschen in Dörfern, die mit blumenvollen Steinbalkonen und bunt lackierten Türen an verschnörkelte Theaterkulissen erinnern. An rostroten Sandstränden blühen immergrüne Tamarisken, und in aus Fels gemeißelten Pfannen an der Nordküste glitzert grobkörniges Meersalz, bereit für die Ernte im Spätsommer. Vor allem aber ist Maltas kleine Schwester ein Paradies für Taucher aus aller Welt. Gerald Nowak hat als Unterwasserfotograf sein Hobby zum Beruf gemacht. Der Mann mit den kurz geschorenen Haaren und dem sympathischen Lachen, der seinen Gesprächspartnern rasch das »Du« anbietet, weil es unkomplizierter ist, ist mit Haien getaucht, mit Delfinen und Schildkröten geschwommen und hat insgesamt hundertsiebenundsiebzig Tage seines Lebens unter der Wasseroberfläche verbracht. Er erkundet regelmäßig das blaue Reich von Curaçao, Zypern, Bali, Russland, Neuseeland oder der Antarktis. Warum zieht es ihn bei so viel Fernweh regelmäßig aufs gemächlich-gemütliche Gozo? »Genau deshalb«, sagt er. »Auf Gozo gibt es unzählige Tauchbasen, Tauchplätze und Angebote für Tauchsafaris. Trotzdem ist es nicht überfüllt. Die Temperatur des Meeres liegt das ganze Jahr über bei mindestens fünfzehn Grad Celsius am Tag, und unter Wasser warten drei Schiffswracks auf ihre Entdeckung. Ich mag besonders gerne die ehemalige Fähre ›MV Karwela‹. Sie ist für mich eines der schönsten Tauchwracks im Mittelmeer, denn sie bietet alles, was mir als Fotograf gefällt: einen gut erhaltenen Maschinenraum und eine mit Algen bewachsene verwunschene Treppe.«

Gerald Nowak lässt den Blick schweifen. Er schaut aufs offene Meer hinaus, Richtung Afrika. »Bis vor Kurzem stand dort drüben noch ein hoher Felsenbogen, das Azure Window. Nun sind dort nur noch Wasser und Himmel zu sehen«, sagt er und streift sich eine Flosse über den Fuß. Das Azure Window, das Blaue Fenster, war Gozos Wahrzeichen. Ein hundert Meter breites und zwanzig Meter hohes Tor aus Kalk und versteinerten Einzellern, das vor Millionen und Abermillionen Jahren entstanden ist. Es war ein beliebtes Ausflugsziel für Touristen, diente als Filmkulisse, etwa im »Graf von Montechristo«. Außerdem hat wohl kaum ein Besucher Gozo ohne ein Foto des Blauen Fensters verlassen. Am Morgen des 8. März 2017 jedoch brach das Tieqa Żerqa genannte Tor nach einem Sturm in sich zusammen und stürzte für immer ins Meer. »Dieser Einsturz hat alle überrascht«, sagt Nowak, der selbst oft an dieser Stelle getaucht ist. »Die Malteser hatten allenfalls damit gerechnet, dass der Bogen einstürzt, nicht der Pfeiler. Ein Tauchkollege jedoch meinte, dass sich der Pfeiler am Fuß bereits stark verjüngt hatte. Er war also marode und der Einsturz nur eine Frage der Zeit. Zum Glück war es an jenem Tag so windig, dass sich niemand in der Nähe aufgehalten hat.«

Seit dem Kollaps ist Maltas Nachbarinsel Gozo um eine touristische Sehenswürdigkeit ärmer – und gleichzeitig um eine Unterwasserattraktion reicher. Denn die mächtigen Felsblöcke des Azure Window bilden nun auf dem Grund in etwa dreißig Metern Tiefe einen Tauchplatz mit dem Namen Azure Boulders. »Es wird ungefähr ein bis zwei Jahre dauern, bis auf den Steinen Algen wachsen und sich kleine Schwämme bilden«, vermutet Gerald Nowak. »Und spätestens dann wird es dort für Taucher viel zu sehen geben.«

Immer wieder steigt Gerald Nowak ins Blue Hole hinab, ein Loch im Felsboden der Steilküste auf Meereshöhe. An windstillen Tagen ruht das Blaue Loch wie ein glatter, runder Spiegel auf der Felsenküste. An anderen Tagen schießen bei starker Brandung Wasserfontänen aus ihm empor. Denn unterirdisch ist der See mit dem Meer verbunden.

Gerald Nowaks Tauchkollege war noch kurz beim Auto. Nun hat er das Blue Hole erreicht und den Neoprenanzug angezogen. Gemeinsam versichern sich die Männer, dass sie an alles Notwendige gedacht haben – Pressluftflasche und Lungenautomat. Außerdem die Spiegelreflexkamera in einem wasserdichten Aluminiumgehäuse und mit Halterung für die Blitzgeräte. »Alles bereit. Es kann losgehen!« Gerald Nowak stößt sich mit einem Ruck vom Felsenrand ab und schwimmt mit ruhigen Bewegungen in die Mitte des Sees. Dort wartet er auf seinen Buddy, der sich ebenfalls in das Zentrum des Blue Hole begibt. Die beiden formen mit Daumen und Zeigefinger einen Kreis, das Okayzeichen. Dann schweben sie langsam in die Tiefe.

Mit jedem Meter, den die Männer sinken, verändert sich die Welt um sie herum. An der Wasseroberfläche war das Licht noch gleißend hell, nun schichtet es sich von Babyblau über Veilchenblau zu Türkis. Es wird immer grüner, immer dunkler, immer geheimnisvoller. Das Blue Hole ist in etwa so breit wie ein Linienbus lang ist, und schon bald sind die algenbewachsenen Wände des Schlotes nicht mehr zu erkennen. Die Umrisse der Taucher verschwimmen.

Unten angekommen, schaltet Nowak seine Lampe an und wendet den Kopf nach rechts. Wenn er atmet, bilden sich dicke Luftblasen vor seinem Gesicht und treiben Richtung Oberfläche. Nowak macht eine Geste und bedeutet seinem Buddy, dass vor ihnen die kleine Höhle sein muss, in der sie fotografieren wollen. Sie schwimmen durch den Eingang des Gewölbes und gelangen ins Innere einer mächtigen Unterwasserkathedrale, die mit zwanzig Metern in etwa so hoch ist wie die Sphinx von Gizeh. Am Boden wiegen sich blau-weiße Seerosen im Wasser, goldgelbe Krustenanemonen überziehen die Wände am Eingang wie Felder voller Sonnenblumen, und überall flitzen die Herrscher dieses Reiches hin und her, die Meerbarbenkönige. Mit ihren orangefarbenen Schuppen ähneln sie kleinen Goldfischen, nur etwas rötlicher sind sie. Wegen dieses roten Fracks werden sie auch Kardinalfische genannt.

An einer steil aufragenden Wand entdeckt Gerald Nowak eine Spalte mit einem Stein. Er kniet nieder, um zu sehen, was sich dort verbirgt. Und tatsächlich. Ein Oktopus hält mit einem Saugnapf den Stein fest und verschließt so sein Versteck. Der Fotograf verharrt so ruhig er kann, er hört in diesem Moment nur das gleichmäßige Geräusch seines Atems. Schließlich wird seine Geduld belohnt. Der Oktopus lässt den Stein los und streckt neugierig einen seiner acht Arme aus. Schließlich schwebt er aus seiner Behausung und umklammert den Fotografen mit seinen auf- und abtreibenden Tentakeln. Er setzt sich sogar auf Gerald Nowaks Arm. Der Taucher hält die Luft an, um den besonderen Moment nicht zu zerstören. Doch als er das nächste Mal ausatmet und Luftbläschen aufsprudeln, erschrickt der Tintenfisch. Vor Aufregung pumpt er Blut durch seinen Körper und verfärbt sich purpur. Dann bündelt er seine Arme hinter dem Körper und schießt wie ein Pfeil blitzschnell durch das Wasser davon. Ein paar Meter weiter kriecht er hinter eine große Muschel.

Es sind solche Momente voller Schönheit, die Gerald Nowak immer wieder tauchen lassen. Sein Partner hingegen hat ein winziges gelbes Seepferdchen entdeckt. Es schwebt auf einer Stelle und wirkt wie ein kostbares Gemälde – bereit, fotografiert zu werden.

Nachdem die beiden Männer einige Zeit in der Höhle verbracht haben, kehren sie zum Blue Hole zurück. Eine Apnoe-Taucherin schwebt gerade zum Grund des Schlotes herab. Die Verkehrsregeln unter Wasser beachtend, warten

Gerald Nowak und sein Buddy zunächst, bis sie den Grund erreicht. Zum Dank lächelt die Frau die beiden an. Die Schnorchlerin trägt nur eine Apnoe-Maske, mit der sie Luft spart. Sie stößt sich vom Boden ab und treibt wie von einem unsichtbaren Gummiband gezogen wieder in die Höhe. Gerald Nowak folgt ihr mit den Augen und sieht die Öffnung des Blue Hole wie eine Münze in der Sonne glänzen. Sonnenstrahlen schneiden wie Laser ins Wasser. Ein betörend schöner Anblick.

Wenige Minuten später klettern Gerald Nowak und sein Kollege aus dem Wasser und setzen sich auf den das Blue Hole umgebenden Felsenring. Es war der letzte Tauchgang des Tages, und so schälen sich die Männer aus den Anzügen, rubbeln sich trocken und schlüpfen in die mitgebrachten Wechselklamotten. Dann begeben sie sich zum fünf Minuten entfernten Parkplatz der Dwejra-Bucht. Dort geht es gesellig zu. Ein Familie bestellt Eis an einer Bude auf Rädern, und in einem Kiosk mit Souvenirs wie Postkarten, Gipsmodellen vom Azure Window und mit Salz gefüllten Jutebeuteln kaufen sich Gerald Nowak und sein Freund ein Bier – das obligatorische Dekompressionsbier, auch Deko-Bier genannt. »Der Ausdruck entstammt dem Taucherlatein. Damit bezeichnen wir das erste Bier nach einem Unterwassergang. Mit seiner Hilfe werden die Tiere unter Wasser nachträglich noch größer und spektakulärer.« Beim Trinken schwelgt Gerald

Nowak in Erinnerungen. Er denkt daran, wie er mit dem Oktopus gespielt hat und unterhält sich mit seinem Buddy über das gelbe Seepferdchen. »Ich glaube nämlich, dass ich seinen Vater oder seine Mutter bereits vor fünf Jahren schon einmal gesehen habe. Und natürlich freue ich mich auf den nächsten Tauchausflug am nächsten Tag.

Der Duft von Erdbeeren

Wie riesige Raupen schlängeln sich drei Gewächstunnel über ein erdiges Feld im Nordwesten Maltas. Als ich mich ihnen nähere, nehme ich wunderbare Gerüche wahr: Aus einem duftet es wässrig-frisch nach Schlangengurken, aus dem nächsten nach der schweren Süße reifer Tomaten. In dem dritten stehe ich inmitten von Erdbeeren. Tausende der herzförmigen Früchte reihen sich in den Regalen des Gewächshauses über- und untereinander. Rot leuchten sie im krautigen Grün, und bei mehr als fünfundzwanzig Grad unter der weißen Plastikplane umgibt mich ihr Duft wie ein wohliges Aroma-Dampfbad.

Christian Borg ist ein sportlicher Mann in Cargohose und Polohemd, der mich und meine kleine Tochter an diesen Ort gebracht hat. Er nimmt vorsichtig eine Frucht zwischen Daumen und Zeigefinger. »Siehst du«, sagt er zu Ylvie. »So hältst du die Beere fest. Dann nimmst du den Stängel in die andere Hand und ziehst einmal kräftig an der Frucht.« Mit einem Ruck löst er die Erdbeere von ihrem Hütchen und reicht sie meiner Tochter. Einmal in die Kinderhand gelangt, wandert sie sofort in ihren Mund. Ylvie lutscht darauf herum, kaut, schluckt – und wie auf Kommando beginnen ihre Augen zu leuchten. Glücklich. »Noch mehr«, sagt sie und formt mit ihrer Hand eine Schale. Am liebsten würde sie sich jetzt durch die ganze Plantage futtern. Aber Christian Borg schüttelt den Kopf und lächelt. »Wir sammeln jetzt Beeren für ein Picknick auf der Olivenfarm«, sagt er und zieht eine Plastiktüte aus der Hosentasche.

Ich habe eine Landpartie bei Christian Borg gebucht. Bei seiner Initiative »Merill Rural Network« vielmehr, die er zusammen mit seiner Frau Jeanette im Jahr 2010 gegründet hat. Merill ist eine Organisation für Ökotourismus und benannt nach dem amselartigen Nationalvogel Maltas, der Blaumerle. Sie bringt Urlauber auf Obst- und Gemüseplantagen, auf denen die Landwirte ihre Produkte nachhaltig anbauen. Das Ehepaar zeigt den Touristen, wo Bio-Oliven und Orangen blühen oder wie im Spätsommer auf der Nachbarinsel Gozo Salz geerntet wird. Gleichzeitig vernetzt Merill maltesische Landwirte und Handwerker, deren gemeinsames Ziel ein biologischer Anbau und das Bewahren ländlicher Traditionen ist. »Es ist ein Geben und Nehmen: Unsere Farmer erklären ihre Traditionen und Bräuche. Umgekehrt lassen die Touristen Geld und Anerkennung da, indem sie beispielsweise Honig von dem Imker kaufen, dessen Bienenstock sie gesehen haben«, sagt er. Mit diesem Ansatz ist Christian Borg einer der wenigen Ökopioniere auf Malta. Seit die Mittelmeerinsel zur Europäischen Union gehört, rücken grüne Themen zwar zunehmend ins Bewusstsein von Politik und Bevölkerung. Aber immer noch muss Christian Borg bei Reiseveranstaltern stark für sein Angebot werben. Doch der Mann, der seit mehr als zwanzig Jahren Erfahrung in der Tourismusbranche hat, ist überzeugt: »Künftig werden sich immer mehr Menschen für eine nachhaltige Art des Reisens interessieren.«

Eine Landstraße führt in das Bauerndorf Mġarr, fernab der industriellen Zentren. Ungefähr dreitausendfünfhundert Menschen leben hier. Sie bauen Wein auf den umliegenden Feldern an, Kartoffeln, Tomaten, Gurken – und natürlich Erdbeeren. Denn für Erdbeeren ist Mġarr bekannt. Jeden April findet in dem Städtchen im Nordosten Maltas die *festa frawli* statt, das Erdbeerenfest. »Die Dorfbewohner errichten ihre Stände vor der Kirche und verkaufen alles, was mit Erdbeeren zu tun hat: Erdbeertörtchen, Erdbeereis, Erdbeerquark, sogar selbst gehäkelte Erdbeertopflappen. Außerdem wird ein gigantischer Erdbeerkuchen gebacken, der von Jahr zu Jahr größer gerät. Menschen aus ganz Malta strömen zu diesem Event, denn Erdbeeren mag vermutlich jeder.« Die Kirche, auf deren Platz die *festa frawli* stattfindet, erhebt sich auf einem weitläufigen Plateau mit einer malerischen Aussicht auf das Tal. Mit der zentralen Kuppel und dem säulengesäumten Eingang erinnert das Gotteshaus an das Pantheon in Rom. »Die Kirche ist der heiligen Maria gewidmet«, sagt Christian Borg und lenkt das Auto daran vorbei. »Mit ihrem Bau wurde Anfang des 20. Jahrhunderts begonnen, und weil das Geld fehlte, haben die Menschen in Mġarr Spenden gesammelt, indem sie Hühnereier verkauft haben. Man erzählt sich, dass insgesamt dreihunderttausend Eier den Bau der Kirche finanziert haben.«

Als ich aus dem Wagen steige, ist es wieder ein Duft, der mich magisch anzieht. Dieses Mal der Duft von frisch gebackenem Brot. Die Bäckerei ist ein schlichter, gekachelter Raum, in dem ich eine gläserne Vitrine für die Brötchen und Croissants vergeblich suche. Hier ist alles auf das Wesentliche konzentriert: einen in die Wand eingelassenen Holzofen, auf dessen Kalkstein das berühmte maltesische Sauerteigbrot gebacken wird, das *ħobż*. Das tellerrunde Brot türmt sich auf einem einfachen Holztisch auf. »Brot, Brot, Brot«, ruft meine Tochter begeistert, und nachdem Christian Borg zwei Laibe gekauft hat, bricht er ein Stück ab und reicht es ihr. Ich beobachte, wie meine Tochter ihren Zeigefinger in das Backwerk bohrt. Dessen Inneres ist großporig und weiß, die Kruste hingegen knusprig dunkelbraun. Im Tante-Emma-Laden nebenan ergänzt ein Liter frische Kuhmilch unseren Einkauf. Ich kann das Picknick auf der Olivenfarm kaum erwarten.

Doch unterwegs stoppen wir ein weiteres Mal, denn bei dieser Landpartie geht es nicht nur um Essen, sondern auch um nachhaltige Landwirtschaft. Von einer steinernen Kapelle, die sich auf einer Anhöhe erhebt, schweift der Blick auf einen riesiger Flickenteppich im Tal. Er leuchtet in allen möglichen Grün- und Braunschattierungen. Avocadogrün ist dabei, Terracottabraun, Aufbruchsgrün, Korkbraun, Blattgrün und Lederbraun. Die einzelnen Flicken des Teppichs umgeben niedrige Mauern aus Stein. Sie wurden ohne Mörtel aus Felsbrocken oder Geröll errichtet und sollen die karge Erde gegen Erosion schützen. Denn auf Malta weht oft ein kräftiger Wind. »Das, was du da siehst«, sagt Christian Borg und deutet mit der Hand in den Wind, »ist verlassenes Land. Land, das nicht bewirtschaftet wird. Denn der Boden der Insel ist sehr trocken.« Es regnet hier nur ungefähr fünfzig Tage im Jahr, mehr als achtzig Tage weniger als etwa in Hamburg. Eine Parzelle erfolgreich zu bebauen, erfordert deshalb sehr viel Engagement von den Landwirten. Engagement, das nicht alle Bauern aufbringen können. »Doch mit einem nachhaltigen Anbau würden sich zahlreiche brachliegende Felder fruchtbar machen lassen. Wie das geht, zeige ich dir auf der Olivenfarm.«

Die Olivenfarm liegt ungefähr zehn Minuten zu Fuß von der Kapelle entfernt hinter einer unscheinbaren Einfahrt mit einem Gatter aus Bambus. Wir gehen einen schmalen Trampelpfad entlang, der an einem Tümpel voller Frösche vorbeiführt und erreichen ein Schrebergartenhäuschen mit Terrasse, das direkt an einen steil abfallenden Hang gebaut ist. Zwischen knorrigen Olivenbaumstämmen picken Hühner auf der Erde, und leise rauschen silbrige Blätter im Wind. Manchmal kräht der Hahn, ansonsten ist sogar meine Tochter kurzzeitig still an diesem wunderbaren Ort. Christian Borg hat die Erdbeeren und das Brot auf den Holztisch gelegt und ist in dem Häuschen verschwunden, das nur aus einer Küche und einem Schlafzimmer besteht. Zurück kommt er mit einer Karaffe Wasser und Kinnie, der maltesischen Limonade aus Bitterorangen und Wermutkraut, außerdem Kaffee.

Autoreifen knirschen, eine Tür fällt ins Schloss, dann stiefelt ein Pirat den Trampelpfad herunter. Zumindest erinnert der Mann mit dem schwarzen Kopftuch über der markanten Glatze ein wenig daran. »Das ist Charlie, der Farmer«, sagt Christian und begrüßt den Mann mit sonnengegerbter Haut und Dreitagebart. Charlie betreibt die Farm seit zwölf Jahren. »Wir Farmer bewirtschaften in aller Regel mehrere Parzellen Land, die versprenkelt im Umland liegen«, sagt er und setzt sich an den Tisch. »Wenn ich die Oliven ernte, bleibe ich manchmal über Nacht auf der Farm. Ansonsten reicht es aus, alle paar Tage nach dem Rechten zu schauen und die Bäume zu bewässern.«

Christian Borg hat das Picknick um Olivenöl, Meersalz, Honig, Marmelade und Tomatenpesto ergänzt. Er fährt fort: »Das ist auch der Grund, warum auf Malta kein Agrotourismus wie in Italien oder Spanien existiert, bei dem Urlauber Ferien auf dem Bauernhof machen können«, sagt er. Teilweise sei versucht worden, das Konzept zu kopieren und größere Höfe oder Pensionen auf dem Land zu errichten. »Aber das lohnt sich nicht. Wir wollen die Natur erhalten und fruchtbar nutzen, nicht zubetonieren. Deshalb haben wir Merill gegründet. Wir holen Touristen da ab, wo sie sind – an ihren Hotels und Pensionen, und bringen sie auf eine Biofarm. Abends geht es zurück in die Stadt. So stelle ich mir nachhaltiges Reisen auf Malta vor. Aber nun lasst uns picknicken!«

Der Kaffee ist auf maltesische Weise mit Anis und Nelken gewürzt, das Brot in dicke Scheiben geschnitten, und der Himmel über mir strahlt schneeweiß und gleißend – so, als hätte jemand einen Krug Milch ausgegossen. Ein Stillleben von Cézanne könnte kaum schöner sein. In der Ferne singt ein Vogel, vielleicht ist es sogar eine Blaumerle, die uns Gesellschaft leistet. Christian Borg nimmt eine Flasche Olivenöl und gießt die maigrüne Flüssigkeit in eines der bereitstehenden Schnapsgläser. Dann fordert er mich auf, es ihm gleichzutun. Ich halte die Hand wie einen Deckel über das Glas. Auf diese Weise erwärmt sich die Flüssigkeit, und die Aromen können sich besser entfalten. Es duftet angenehm herb, eine Mischung aus Gras und Erde. »Du muss das Öl beim Kosten wie einen Schluck Wein im Mund hin- und herbewegen«, sagt Christian und demonstriert eine Technik, die im Italienischen als stripaggio bekannt ist: Er zieht beim Trinken ein wenig Luft durch die halb geschlossenen Lippen. »Dadurch verändert sich der Geschmack nochmals.« Die Flüssigkeit rinnt sämig, fruchtig und leicht scharf den Rachen hinunter. Noch besser schmeckt sie allerdings auf Brot. Ich träufele sie auf eine Scheibe und probiere Brot mit Öl. Brot mit Salz. Brot mit Pesto und Honig. *Ħobż biż-żejt* nennen die Malteser diese Art von Mahlzeit, und sie ist köstlich, vor allem, wenn die Zutaten aus der Region stammen. Der Honig leuchtet hellgelb wie eine kleine Sonne im Glas und schmeckt ganz leicht nach Oliven – oder bilde ich mir das ein? Immerhin stammt er aus einem Bienenstock, den Charlie in der Nähe der Olivenbäume bewirtschaftet.

Nach der Mahlzeit balanciere ich die Treppenstufen zu den Bäumen hinunter. Mit ihren verschlungenen Stämmen wirken die Pflanzen auf mich viel älter als zwölf Jahre, ich hätte es auch geglaubt, wenn man mir gesagt hätte, sie seien so alt wie der biblische Garten Gethsemane. Tatsächlich hatten schon die phönizischen Händler in den Jahrhunderten vor Christi Geburt Olivenbäume auf Malta angepflanzt. Auch Römer pressten Öl auf der Insel, doch irgendwann wurden die fruchtbaren Bäume vergessen. Die Kreuzritter ließen ihr Olivenöl aus Italien einschiffen. Inzwischen jedoch haben sich einige Bauern wie Charlie wieder darauf spezialisiert, die maltesische Olivenölproduktion anzukurbeln. Auf Charlies Farm wachsen die Bäume fein säuberlich in Reih und Glied, ein jeder wie eine eigene Persönlichkeit. Leise flüstert der Wind in ihren Blättern, als müsste ich nur näher kommen um zu hören, was sie zu sagen haben. Doch es ist Christians Stimme, die erzählt, dass die Sorten Carolea und Frantoio heißen, zwei Arten, die vor allem in Italien angebaut werden. »Zusammen mit seinem Bruder Raymond erntet Charlie pro Jahr ungefähr fünfzig Kilo pro Baum. Acht Kilo braucht er für einen Liter Extra Natives Olivenöl. Die Presse, mit der das Öl gewonnen wird, steht ungefähr eine Viertelstunde von der Farm entfernt. Da werden die Früchte ganz frisch weiterverarbeitet.«

Zurück auf der Terrasse reißt der weiße Himmel auf, und die Sonne übergießt die kleine Olivenfarm inmitten der kargen Landschaft mit goldenem Licht. Christian Borg hat die Überreste unseres Picknicks zurück in die Küche geräumt, nun sind wir im Aufbruch. »Willst du wiederkommen?«, fragt er meine Tochter. Sie nickt, den Duft von Erdbeeren noch in der Nase.

Dank

Grazzi ħafna heißt Dankeschön

Danke allen Menschen, denen ich auf meiner Reise und während der Recherche begegnet bin – die mir ihre Lieblingsplätze auf den Inseln gezeigt haben, die mich zu sich nach Hause einluden oder mich bewirteten.

Dankeschön auch dem Picus Verlag und meiner Familie, meinen Freunden und Kollegen für Inspiration, Denkanstöße und Kritik: Elke, Gika, Kristina, Martin, Saskia, Stefanie, Stefan und Ylvie. Danke auch an Erika und ihre fleißigen Leser!